UN DEVOIR SOCIAL

ET LES

LOGEMENTS

D'OUVRIERS

PAR

GEORGES PICOT

MEMBRE DE L'INSTITUT

C L

PARIS

CALMANN LÉVY, ÉDITEUR

RUE AUBER, 3, ET BOULEVARD DES ITALIENS, 15

À LA LIBRAIRIE NOUVELLE

1885

UN DEVOIR SOCIAL

ET LES

LOGEMENTS D'OUVRIERS

PARIS. — IMPRIMERIE CHAIX, 20, RUE BERGÈRE. — 7890-5.

UN DEVOIR SOCIAL

ET LES

LOGEMENTS D'OUVRIERS

PAR

GEORGES PICOT

MEMBRE DE L'INSTITUT

PARIS

CALMANN LÉVY, ÉDITEUR

ANCIENNE MAISON MICHEL LÉVY FRÈRES

3, RUE AUBER, 3

1885

Droits de reproduction et de traduction réservés.

AVANT-PROPOS

Les deux études qui suivent ont un lien commun. Elles ont été faites à des dates diverses en vue du même résultat.

Quelque médiocres que soient nos mœurs politiques, je crois nos mœurs sociales plus mauvaises encore.

En cherchant le mode d'action qui pourrait apaiser les masses et réveiller au sommet, j'ai été amené à étudier de près en Angleterre un des efforts les plus persévérants d'une société qui veut développer l'esprit de famille chez l'ouvrier. Jamais peut-être une nation n'a donné un plus prodigieux exemple de ce que peut le bon sens appliqué à la conduite des affaires intérieures d'un peuple. La vieille aristocratie anglaise accepte avec clairvoyance les conditions de la démocratie : elle a vu venir de loin cette marée montante. Elle a hésité quelque temps à croire le flot inévitable ; puis, quand, de toutes parts, ses vigies ont répété le même signal, elle a pris résolument son parti.

Je suis persuadé que partout la démocratie est un fait irrésistible, et qu'aucune digue ne peut en arrêter le courant. Je suis convaincu que, sans un parti conservateur, quelque nom qu'on lui donne, le gouvernement est entraîné vers l'anarchie ; mais le parti qui peut servir de frein ne se crée pas d'un coup de baguette. Il doit se constituer dans le sein du pays longtemps avant de prétendre à le gouverner.

Les partis avancés peuvent, en excitant les imaginations, remuer les foules. Un parti vraiment conservateur n'a d'autres armes que la raison ; aussi doit-il s'assurer une clientèle, non par des paroles, qu'il ne peut, s'il est sincère, rendre séduisantes, mais par des actes. Les partis avancés vivent de promesses ; le parti conservateur ne peut naître et se développer que dans la mesure des services rendus. Il peut d'ailleurs les multiplier aisément : il a la fortune, il possède l'instruction. Il serait impardonnable, s'il ne savait pas user de ces forces.

Au milieu du mouvement qui emporte nos sociétés modernes, en présence du péril qui les menace, nul n'a le droit de demeurer immobile, indifférent, confiné dans des études solitaires. Chacun doit faire deux parts de sa vie et tandis que l'une demeure consacrée aux travaux d'une profession spéciale ou bien aux goûts vers lesquels entraîne une vocation, l'autre doit être vouée à ces efforts collectifs sans lesquels une nation serait une réunion d'êtres égoïstes sans liens mutuels.

Il n'existe d'influence conservatrice maintenant l'équilibre entre les partis politiques que dans les pays où le devoir de patronage social est compris et largement exercé. Dans les autres, on assiste longtemps à des alternatives de violences et de faiblesses et on se laisse aller à la dérive, emporté par un courant que l'inertie individuelle, lorsqu'elle se prolonge, rend fatalement irrésistible.

1er juin 1885.

UN DEVOIR SOCIAL

ET LES

LOGEMENTS D'OUVRIERS

Le grand mal dont nous souffrons est le découragement. Il vient d'une double cause, une grande déception et une profonde ignorance de la démocratie.

Après avoir gouverné la France depuis le Consulat, les classes élevées sont éliminées peu à peu des fonctions qu'elles exerçaient dans l'État. Parmi elles, on prend l'habitude de se désintéresser de la chose publique ; et on est bien près de renoncer à tout intérêt collectif. L'égoïsme fait des progrès surprenants ; on vit pour soi ; on se renferme, on s'isole ; il est de mode de professer un absolu dédain pour la politique et nul ne remarque que cette abstention aggrave les maux dont on gémit. Cette émigration à l'intérieur ne produirait que demi-mal, si les dévouements exclus des fonctions publiques se portaient résolument sur les diverses branches de l'activité nationale. On verrait alors un redoublement de l'initiative privée, qui serait d'autant plus favorable aux intérêts conservateurs qu'elle émanerait des hommes les plus instruits, de ceux qui représentent, avec la fortune, l'esprit de tradition.

Malheureusement, on croit à une crise passagère ; on attend, au lieu d'agir : ceux qui parlent du progrès définitif des idées démocratiques passent pour des partisans plus ou moins déclarés du radicalisme ; on se refuse à voir les réalités ; on ne veut pas reconnaître que depuis un demi-siècle la France a fait des pas immenses vers la démocratie, c'est-à-dire vers un état de société où les classes doivent vivre plus que jamais d'assistance mutuelle ; au lieu de proclamer qu'à des situations nouvelles, il faut appliquer des efforts nouveaux, on se laisse gagner par l'inertie. C'est en vain que la Providence a donné à une classe d'hommes en France tous les dons qui leur permettraient d'agir sur leurs concitoyens, une situation notable, de grandes propriétés, une expérience héréditaire des affaires, parfois des noms qui se lient à notre histoire ; il semble que quelque mauvais génie leur ait refusé l'action, les ait paralysés, leur enlevant, par je ne sais quelle compensation mystérieuse, l'usage d'une influence qui, bien employée, aurait sauvé le pays.

S'il existe des personnes qui croient un parti conservateur inutile dans une société démocratique, elles pourront se dispenser de lire les réflexions qui suivent. Nous les destinons à ceux qui sont inquiets et tristes, qui voient l'avenir fort sombre, qui cherchent à se rendre compte de la marche des faits et qui, fatigués de prévoir, las de leur impuissance, ont pris le parti d'assister aux événements avec une sorte d'indifférence. Le fatalisme en politique ne vaut pas mieux selon nous qu'en philosophie. C'est une sorte de suicide qui recouvre une grande lâcheté morale.

Ce qui fait la grandeur et la force des sociétés humaines, quel que soit leur objet ou leur but, qu'elles se composent de quelques individus ou de millions d'âmes, qu'elles soient une association naissante de hardis colons ou un grand peuple arrivé au sommet de la prospérité, c'est une vertu unique, la volonté. Tant que la volonté des hommes est ferme, une nation est en progrès : quand elle est vacillante, le mouvement ascendant se ralentit et, alors, un peuple est bien près du déclin.

Avez-vous ressenti au milieu de l'hiver, lorsque le vent souffle sur les plaines de neige, un irrésistible engourdissement qui alourdit les membres? C'est la circulation qui se ralentit et qui mène sans souffrances à un sommeil sans réveil. Si vous vous arrêtez, c'est la mort. La marche seule peut vous sauver; mais vous la redoutez; qu'un ami vienne, vous saisisse par le bras, vous secoue et vous entraîne en une course précipitée, la vie renaît.

Le découragement agit de même sorte ; l'âme s'y laisse prendre et s'y complaît : elle y trouve je ne sais quel charme amer; elle s'enivre de son propre désenchantement, s'éprend de sa douleur et en souffre moins que d'être consolée. Que le mal se prolonge et la volonté est à jamais anéantie. L'activité, le travail d'esprit, la fécondité surexcitée des œuvres, peuvent seuls rendre à l'âme les espérances qui sont sa vie, restituer au citoyen la volonté sans laquelle il n'y a pas de salut pour la patrie.

Observez ceux qui sont envahis par le découragement: ils n'hésitent pas à nier l'existence
d'un devoir public. Ils peuvent être d'honnêtes gens, de bons pères de famille, donner l'exemple de toutes les vertus privées;
ils n'appliquent pas leur volonté aux devoirs
extérieurs : il les croient inutiles ou les
nient.

Nous ne sommes pas ici en présence d'une
maladie isolée; il s'agit d'une véritable épidémie qui atteint la volonté chez nos contemporains : les malades se rapprochent, se plaignent et aggravent mutuellement leur mal. Pour
réagir, il faut former et mettre en mouvement
un groupe qui ranime autour de lui l'espérance;
l'association, seule, nous fournira cette arme
précieuse. Il faut donc parler et ensuite agir :
la parole n'est que le moyen, l'action en
commun est le but.

§ 1

COMMENT LA FRANCE EST DÉPOURVUE DE LIENS SOCIAUX.

Pour qui aime son pays, il n'y a pas de plus profonde douleur que de voir la persistance du mal intermittent qui l'abat et l'épuise depuis un siècle. Les révolutions périodiques se succèdent, comme si une fatalité les ramenait à heure fixe. La France a connu, en un espace de temps très restreint, toutes les extrémités de la fortune humaine : en 1789, des enthousiasmes et des espérances de bonheur sans limites ; puis, tout aussitôt, comme un cruel démenti, des haines assouvies de plus de sang que jamais discordes civiles n'en avaient versé, vingt ans de guerre donnant naissance à une de ces prodigieuses personnifications de la victoire que Dieu a montrées trois ou quatre fois au monde, comme pour lui enseigner le néant de la gloire; enfin des essais faits tour à tour par chaque classe sociale, tantôt par l'ancienne noblesse, tantôt par la bourgeoisie, puis au nom des intérêts populaires, pour gouverner un pays, que, dans leur injustice, tous les partis, après avoir échoué, déclaraient l'un après l'autre ingouvernable.

Il n'est pas une fraction de la société française qui n'ait eu, depuis un siècle, une heure de triomphe, qui n'ait cru son succès définitif, le gouvernement de ses rêves à jamais fondé, pas un de ces partis qui n'ait eu ses déceptions et qui n'ait gardé de ses chutes une amertume ou tout au moins une lassitude inguérissable. Des rangs de ces partis sont sortis des écrivains qui ont retracé, à leur point de vue, notre histoire : dans nos secousses successives, ils ont très bien discerné les causes politiques; je crois qu'ils ont laissé dans l'ombre les causes sociales. Il était tout naturel que, dans la première moitié du siècle, ils ne les vissent pas. La grandeur des événements, la mêlée des armes et le bruit des partis, le rapprochement même, empêchaient de discerner les causes profondes. Les hommes, s'ils sont grands, les luttes, lorsqu'elles sont ardentes occupent toute la scène, la curiosité prévient la réflexion.

Aujourd'hui, nous sommes mieux placés pour voir et pour comprendre : nous saisissons les ensembles; entre les faits généraux se laissent entrevoir des rapports qui échappaient aux contemporains.

Ce qui a toujours manqué à la France depuis la chute de l'ancien régime, c'est de former une société.

Par le seul fait qu'ils vivent en commun sur le même sol et qu'ils obéissent aux mêmes lois, les hommes ne constituent pas une société. Parmi eux doivent exister des liens de plus d'une sorte : à l'idée de patrie qui en est le fondement, il faut joindre une mutuelle assistance qui rattache les classes entre elles ; si le puissant soutient le faible, si à tous les besoins de la vie, ceux qui ont l'aisance ont pourvu par une sage prévoyance, si les déshérités de la fortune, les malades et les infirmes trouvent à chaque pas de leur misérable existence des mains pour les secourir, des asiles pour les abriter, des lois pour les protéger, si, en un mot, les classes supérieures ont résolument assumé ce patronage qui fait honneur au cœur de celui qui donne sans porter atteinte à la dignité de celui qui accepte, vous pourrez dire qu'il existe une société organisée et vivante.

La civilisation l'aura marquée d'une empreinte d'autant plus profonde que, du haut en bas de l'échelle sociale, il se produira un échange de services plus actifs.

Qui oserait affirmer que ces liens existent en France?

L'erreur fondamentale des partisans de l'égalité est de croire que l'homme se suffit à lui-même, qu'il peut se passer de toute protection. Cette opinion eut cours vers la fin de l'ancien régime. Les maux du peuple s'étant aggravés à cette époque, les auteurs de la Révolution ne virent dans la subordination des classes qu'une tyrannie, sans comprendre qu'à côté des abus, la hiérarchie sociale créait une protection destinée à sauver les faibles.

Si on entre dans le détail de la société au commencement du xviiie siècle, et qu'on pénètre au-dessous de la couche brillante qui reluit, on trouve une série incroyable de fondations destinées à assurer aux plus faibles l'existence. D'anciens monastères exerçaient encore l'hospitalité et nourrissaient de nombreux pauvres. Dans les petites villes, il y avait des communautés qui venaient en aide à toutes les misères. En même temps, on est frappé de voir ces institutions plus nombreuses dans les campagnes que dans les villes. A mesure qu'on avance dans le xviiiᵉ siècle, il se produit deux faits qui rompent l'équilibre. Le goût du luxe en se développant corrompt beaucoup d'institutions charitables, il détourne les revenus de leur pieuse destination ou en diminue le chiffre.

En même temps, les villes prennent une extension inattendue; il s'y produit déjà une misère spéciale que les anciennes ressources sont impuissantes à combattre. En vain les fondations se multiplient dans les agglomérations urbaines. A la veille de la Révolution, les moyens d'assistance y étaient tout à fait insuffisants. De plus, l'action de la société s'y exerçait déjà par des administrations hospitalières agissant au moyen d'agents salariés, non par des personnes animées de l'esprit du devoir et allant chercher elles-mêmes les pauvres pour les soulager et les apaiser. De là une fermentation de l'esprit révolutionnaire beaucoup plus rapide dans les grands centres.

Dans les campagnes, le contact entre le

riche et le pauvre était tout autre. Les seigneurs et les paysans vivaient côte à côte; plus ils étaient rapprochés et moins la Révolution y fut comprise.

On disait : en cette province le paysan est bon. Le plus souvent cela signifiait : la propriété y est divisée ; cultivant et possédant le sol, l'habitant s'est apaisé ; le travail a étouffé l'envie. Les nobles, au lieu d'aller à Versailles, vivent en une étroite intimité avec le paysan : ils ont toujours partagé ses douleurs et ses joies. Quand vinrent en de telles provinces, les jours de crise, nobles et paysans firent cause commune.

Mais c'était là une exception : la plupart des gentilshommes allaient vivre à la cour, désertant leurs terres et confiant à des intendants une administration qui devenait vexatoire. Les paysans ne connaissaient des seigneurs que les perceptions fiscales devenues un objet de haine sous le nom de droits féodaux. L'éloignement, l'absence de contact avaient préparé et devaient aggraver la rupture.

Depuis la Révolution, que s'est-il passé? la lutte entre les classes, qui n'a plus pour prétexte les privilèges, s'est-elle apaisée? Rien, hélas! ne nous permet de penser que les germes de haine semés par les siècles aient achevé de porter leurs fruits.

C'est le malheur des guerres sociales de laisser à leur suite des divisions bien plus vivaces que les guerres de partis. Les factions politiques changent en peu de temps de nom et d'intérêts; les petits-fils héritent rarement des idées de leur aïeul. Les souffrances de la misère sont au contraire cruellement héréditaires; l'envie se transmet de père en fils; les hommes de parti n'ont pas de signes de ralliement; le pauvre a une livrée qui le fait reconnaître entre tous; et ce qui est plus grave, la guerre sociale altère profondément le caractère des classes élevées; des courtisans les adulent, la foule les envie, elles le lui rendent en morgue et en dédain.

Ce qui a été d'abord un travers individuel devient un trait de race. Puis comme un mouvement ascendant amène au sommet ceux qui se sont enrichis par le travail, les parvenus, pour se mieux confondre avec les anciennes familles, imitent tout d'abord leurs défauts et croient faire oublier une récente origine en luttant de hauteur avec les représentants des vieilles souches.

Il est de l'essence des classes élevées d'être enviées et partant d'être imitées.

En Angleterre, la noblesse avait des vertus héréditaires ; elle exerçait, depuis les grands barons, un patronage social. La bourgeoisie, en conquérant la richesse, s'est empressée de l'imiter. Dans les comtés comme à Londres, l'action sociale est en quelque sorte le service obligatoire des parvenus de la fortune, c'est la fonction nécessaire qui s'impose aux nouvelles recrues de la noblesse. Tous cherchent à se faire les patrons des classes populaires.

En France, le goût de l'imitation a été le même ; mais les bourgeois, pour un duc de Penthièvre, un duc de Liancourt ou un duc de Luynes, ont trouvé depuis un siècle au-dessus d'eux des milliers de nobles destitués de tout pouvoir, aigris contre une société nouvelle dans laquelle ils vivaient en étrangers, conservant l'esprit de l'émigration, ayant moins d'ambition que de vanité, se faisant gloire de montrer leurs défauts et s'appliquant à cacher leurs vertus. La bourgeoisie s'est bornée à imiter ce qu'elle voyait. Elle a vu l'oisiveté au-dessus d'elle, elle est devenue oisive.

Tant que la bourgeoisie a été elle-même, tant qu'elle a lutté contre la noblesse, tant

qu'elle a travaillé, elle n'a cessé de grandir.
Du jour où elle est arrivée au pouvoir, a commencé le déclin. Victorieuse, elle s'est appliquée à copier les vices de ceux qu'elle avait vaincus : une partie de la bourgeoisie a cru faire oublier son origine en prenant en dédain le travail et les classes laborieuses.

C'est à force de mépris pour les inférieurs que des parvenus conquièrent droit de cité dans certaines compagnies, de même qu'un anarchiste n'est tenu pour suffisamment pur dans une des salles de faubourgs que s'il a proposé contre les oppresseurs du peuple quelque exploit de dynamite. Triste émulation de mépris et de violence qui excite aux deux extrémités de la population française des minorités aussi infimes par le nombre que bruyantes par leurs fanfaronnades et dont les folies ne valent la peine d'être rapportées que pour servir de leçon !

Ainsi, une société civilisée vit de services mutuels, tandis qu'une société troublée par la guerre sociale voit pendant plusieurs générations les classes déchirées par une haine réciproque.

Ceux qui écoutent ces provocations, qui notent les menaces sanguinaires des réunions publiques, qui voient l'effet produit autour d'eux par ces cris sauvages et qui entendent sans cesse invoquer le pouvoir d'un sabre pour mettre fin aux désordres de la parole et de la presse, ont de la peine à comprendre qu'un conflit ne soit pas à la veille d'éclater. Les discours sont fous et les actes sont pacifiques. Comment expliquer ce contraste?

Entre les deux extrêmes, il y a chez tous les peuples une masse que nul ne peut mettre en mouvement à son gré. Réfractaire aux passions, laborieuse par instinct et par intérêt, elle est fortement attachée à l'ordre public; c'est elle qui constitue par son immobilité l'équilibre de la nation. Sur elle se dirigent tous les efforts des partis; qu'elle vienne à diminuer au profit de l'un deux, le centre de gravité se déplace. Encore un effort, l'équilibre est rompu : la révolution est faite.

L'erreur de tous les gouvernements a été de croire que la masse flottante était définitivement acquise à chacun d'eux. Elle n'a fait en ce siècle d'alliance définitive avec personne. Elle vit au jour le jour, observe avec soin ses intérêts et ne se met en mouvement que si on les trouble profondément. Elle s'est prêtée, elle ne s'est jamais donnée.

Dans la guerre sociale qui nous menace, la masse flottante n'a pas encore pris de parti. Écoutez le petit groupe des anarchistes : ils vous diront que, depuis le noble jusqu'au plus mince patron, tout ce qui ne travaille pas de ses mains est dans le camp des exploiteurs du peuple et qu'il faut les exterminer.

Ailleurs, on vous dira que le peuple est gangrené, que la corruption est générale, que tous les ouvriers des villes, presque tous les paysans des campagnes sont enivrés d'idées fausses et prêts à se ruer sur la propriété. A ce langage, il est aisé de donner des deux côtés le plus formel démenti. La vérité est que la masse demeure immobile, qu'elle n'a pas de passion, qu'elle est indifférente.

Cette indifférence, qui est jusqu'ici notre salut, ne sera pas éternelle. Il y a à cela plusieurs raisons : je crois nécessaire de m'étendre un peu sur la principale.

§ 2.

ÉTAT DE LA JEUNESSE

Il se passe de nos jours un fait que peu de personnes observent. De tout temps, la jeunesse a été disposée à se jeter dans les rangs de l'opposition : un goût naturel d'indépendance, le besoin de critiquer qui vient d'une extrême confiance en soi, le désir vague du nouveau, tout contribue à pousser les jeunes gens vers le changement. Ils apportent donc chaque année un contingent régulier aux partis d'opposition. Ce phénomène, aussi constant que les lois physiques, s'est produit depuis un siècle à toutes les époques. C'est la jeunesse qui a contribué à toutes nos révolutions, beaucoup moins en se jetant dans la lutte violente, le jour où elle éclatait, qu'en faisant

partie de cette marée montante du mécontente-
ment public qui submergeait le pouvoir et arrê-
tait le jeu des ressorts bien avant de les briser.

Quand le gouvernement exagère son rôle,
lorsqu'il refuse la liberté ou marchande le
progrès, le jeune homme à peine né à la vie
publique se fait libéral : son goût d'opposition
et ses généreux enthousiasmes le poussent
dans la même voie. Il était libéral en 1813,
quand la conscription fauchait la jeunesse pour
des guerres que détestait la France fatiguée
de la gloire ; il était libéral en 1825, quand la
Restauration, rétrécissant de jour en jour sa
base, tenait pour ennemis tous ceux qui vou-
laient discuter, et excluait de la Chambre les
candidats qui n'avaient pas quarante ans. A
la fin du gouvernement de Juillet, les jeunes
gens demandaient l'extension du suffrage, et
ce qui aurait dû être une loi, telle qu'en vote
périodiquement l'Angleterre, devint une révolution ; de 1856 à 1870, il n'est pas une couche
de la jeunesse qui n'ait apporté, en acquérant
le droit de vote, son concours à l'opposition.
Le régime de 1852 était fatalement condamné ;
sous l'effort répété des jeunes suffrages, il devait périr soit de mort violente, soit par une
métamorphose lente et complète.

Tous les gouvernements, s'ils sont avisés, doivent donc interroger l'opinion et se demander avec anxiété quelles couleurs portent avec elles les phalanges de citoyens qui, chaque année, se font inscrire sur les listes électorales. La statistique militaire nous révèle les chiffres : 310,000 par an, d'une législature à l'autre plus d'un million d'électeurs nouveaux qui ne comptaient pas, vont peser dans la balance politique.

A l'époque où nous sommes, que pensent-ils? où vont-ils? Au profit de quelle influence, cet énorme contingent est-il disposé à agir? Ce n'est pas une vaine curiosité qui nous le fait chercher. Ce problème est le secret de demain.

Depuis le mois de février 1879, la France est gouvernée par la Gauche. Elle est livrée aux idées avancées et aux influences radicales ; les haines antireligieuses comme les goûts de dépenses irréfléchies, les aventures mal conçues et encore plus mal conduites, une diplomatie sans unité de vues, toute une fraction de citoyens exclue des affaires publiques, voilà le bilan de nos six dernières années.

Si le nouvel électeur appartient à l'une des classes supérieures de la société, à l'une de celles où étaient en honneur les professions

libérales, il entend gémir de l'improvoyance
et des passions étroites de nos gouvernants.
En s'éveillant à la politique, il a promené
ses regards autour de lui, il a vu tous les
siens chassés des emplois publics: ce spec-
tacle l'a frappé; à un certain âge, on porte
beaucoup moins d'attention aux théories
politiques qu'aux actes, à la persécution
qu'aux victimes; il a été consterné, il a voulu
se rendre compte des causes. Là encore, il n'a
pas été au fond des choses, mais s'est tenu à
la surface. Tout le bruit vient de la Chambre
et de la presse. Il s'en est pris à la faconde
bruyante des députés, aux violences des jour-
nalistes : il a rendu les institutions responsa-
bles des fautes des hommes, et, par une pente
insensible, il en est venu à souhaiter le silence ;
c'est ainsi que s'est formée une race toute nouvelle en notre pays : celle des réactionnaires de
vingt ans. Plus de découragement que d'élan,
un scepticisme précoce, fruit de déceptions à
un âge où elles sont funestes au développement
de l'âme, un sentiment prématuré d'amertume,
voilà le caractère de leur esprit. Ils lisent
M. Taine, maudissent leur siècle et ne se
réconcilient avec le genre humain qu'en regar-
dant Louis XIV et Napoléon.

Si le nouvel électeur appartient à la classe ouvrière, si, pour aller se faire inscrire à la mairie, il est sorti de l'atelier, ses aspirations seront tout autres. Il se soucie peu du Gouvernement; se préoccupe de sa vie difficile, mesure ses besoins, voit auprès de lui tous ceux qui ont de nombreux enfants dans la misère; il calcule déjà, il calcule depuis l'âge où il pense, le budget de la famille. Enfant, il a travaillé pour sa mère, pour aider son père, pour nourrir ses frères ; il a vu de près la souffrance, traversé des heures cruelles. Le jour où on lui met en main un bulletin de vote en lui disant qu'il est maître de son sort, que dis-je, maître de la France, comment va-t-il user de sa souveraineté? Pour l'éclairer, une presse violente, des réunions exaltées, et, ce qui est pis encore, des candidats faisant mutuellement enchère de promesses, lui répétant que tout est possible; que les charges publiques sont haïssables et inutiles; que le candidat, s'il est nommé, saura réduire les impôts, supprimer le service militaire et faire des lois d'où sortiront à la fois la diminution du temps de travail et l'augmentation des salaires. Comment résister à un tel mirage? De quel poids peut peser, en face de telles séductions, le langage de la raison ? Celui qui, né dans les villes, a connu les privations pendant toute sa jeunesse ne peut pas ne pas être radical à vingt ans. Dans les campagnes, le mouvement, beaucoup plus lent, est retardé par diverses influences, mais la petite ville suit de loin la grande et le village imite le chef-lieu de canton.

Ainsi se divisent fatalement les recrues du suffrage universel. Un petit nombre s'alarme, se plaint, s'isole dans un découragement profond, quand il ne réagit pas avec force ; le peuple se précipite en avant à la suite de ceux qui exploitent son ignorance et son goût d'utopies.

Cette scission, loin de s'atténuer, va s'aggravant par les causes mêmes qui l'ont fait naître. A chaque élection le candidat raisonnable se fait plus rare. Le rôle de candidat est si pénible qu'il est devenu, peu à peu, suivant un mot célèbre en Amérique, « un métier mal famé ». Ceux qui ont un souci particulier de leur repos s'écartent d'une lice où ne descendent plus que les amateurs de dispute politique ou les hommes très rares qu'inspire le dévouement. Il en résulte que le peuple, qui déjà n'écoutait que rarement un langage mesuré, risque de ne plus jamais l'entendre.

En résumé, au moment où nous écrivons, le suffrage universel, qui est notre maître, ne voit venir à lui parmi la jeunesse que des citoyens lui demandant soit de renverser le gouvernement au profit de je ne sais quelle compression, soit de le précipiter dans la voie révolutionnaire.

La masse de la nation qui échappe à l'esprit de parti et assure ainsi l'équilibre, diminue donc régulièrement à mesure que le gouvernement s'éloigne de son origine et accumule contre lui les griefs. Cette décroissance est le signe certain que nous marchons vers une crise sociale.

Lorsque éclate une épidémie dans nos cités populeuses, il se fait un branle-bas soudain ; de tous côtés on parle de la salubrité publique, on crée des commissions d'hygiène, on annonce des mesures extraordinaires, des travaux qui amèneront dans nos villes presque autant d'eau que dans l'ancienne Rome, on cite des faits odieux qui ne font que trop comprendre les progrès de l'épidémie, puis, le péril passé, les commissions se dispersent, l'attention s'envole et jusqu'à la prochaine menace les bas-fonds de la ville un instant purifiés redeviennent un foyer permanent d'infection.

Il en est de même de l'épidémie sociale. On ne s'est guère occupé, en France, de chercher le remède qu'après l'insurrection de juin 1848. La disette de 1847, aggravée tout d'un coup par une révolution radicale, le chômage de toutes les industries, l'ouverture des ateliers nationaux, les propositions les plus étranges avaient alarmé et stimulé les esprits. De nombreux projets aboutirent à l'Assemblée législative, qui chargea une commission d'examiner, sous toutes ses faces, le problème de l'Assistance publique. Il faut lire le rapport de M. Thiers pour mesurer le nombre et la portée des utopies qui fermentaient alors dans les cervelles françaises. On y trouve, en même temps, la preuve des efforts sincères des classes élevées pour rechercher quels étaient, dans une société chrétienne et civilisée, « les
» moyens vrais, sérieux, durables et non chi-
» mériques de venir au secours des classes
» pauvres, de leur faciliter le travail, de leur
» alléger la souffrance, de réaliser, enfin,
» cette fraternité si souvent annoncée, mais
» toujours d'autant moins pratiquée qu'elle a
» été plus fastueusement promise. [1] »

1. Rapport de M. Thiers sur l'Assistance publique. *Discours parlementaires*, t. VIII, p. 449.

Le rapporteur entra dans le détail des besoins de l'enfant, du père de famille et du vieillard.

Il embrassa la vie entière de l'homme, il parcourut le cercle de ses misères depuis sa naissance jusqu'à sa mort, traça partout la distinction entre le vrai et le faux, le possible et l'impossible. Le rapport de janvier 1850 marque une date. Ceux qui le discutaient, celui qui a eu l'honneur d'écrire ce morceau, qui est peut-être son chef-d'œuvre, étaient prêts à accomplir, ce jour-là, le devoir social. Ils entreprirent plusieurs réformes, puis une révolution nouvelle leur enleva la puissance. Le pouvoir silencieux qui succédait à des assemblées trop bruyantes eut soin de recueillir et d'exécuter, comme don de joyeux avènement, plusieurs des projets conçus et discutés en 1850. Le Crédit foncier a pris naissance, les sociétés de secours mutuels ont été largement dotées en 1852. L'Empire était disposé à aller plus loin et se serait jeté dans les aventures du socialisme d'État, si l'ardeur des premières années ne s'était refroidie. Avec la paix des esprits, les préoccupations de 1850 s'effacèrent; l'Empire s'acheva sans que le premier effort ait été poursuivi.

Les désastres de 1870 donnèrent un autre

tour aux idées ; au milieu des discussions politiques qui servirent de berceau à la République, aucun parti n'eut le loisir de reprendre la question sociale. Ce genre d'études naît et se développe surtout au milieu des inquiétudes. Dans les temps heureux, ceux qui y songent encore et qui osent en parler, crient dans le désert. Les députés, même les plus radicaux, n'ont aucun goût po.· l'examen des misères sociales, quand la majorité de leurs élec.eurs ne le leur impose point. Nous entendons, en ce moment, à la fin d'un hiver difficile, au milieu du chômage de grandes industries, alors que l'agriculture décline et souffre, les premiers appels de la misère publique. Nul doute qu'en 1885, une foule de candidats ne mèneront grand bruit autour des questions sociales. Nous ne voulons pas chercher ici ce qu'ils en diront. Nous voulons faire une œuvre autrement pratique ; il s'agit de voir ce qu'il est possible de faire, s'il en est encore temps, et à qui le devoir en incombe.

§ 3

LA CHARITÉ PRIVÉE
NE DISPENSE PAS DE L'ŒUVRE SOCIALE

Il ne faut pas confondre la charité individuelle et l'œuvre sociale. L'une vit de vertu et elle en a toutes les pudeurs : si parfois elle fait appel au public pour remplir ses bourses, elle les vide sans bruit; la discrétion est son essence : il n'y a plus de vraie charité si le bien est publié : la main droite doit ignorer ce que fait la main gauche. La charité ne doit attendre du pauvre qu'elle secourt aucune rémunération : son action est gratuite. Ce n'est pas ici-bas et en vulgaire monnaie que se règle le prix de ses bienfaits.

Tout autre est l'œuvre sociale : elle n'atteindrait pas son but si elle suivait la même voie : elle doit agir publiquement. Pourquoi se cacherait-elle? Elle sait et répète qu'entre les classes d'une même société, il y a des devoirs mutuels. L'œuvre sociale en est l'accomplissement. Pourquoi dissimuler la fondation d'une crèche, d'un asile, d'une école, d'une maison de retraite? Il y a là un service public institué par l'initiative privée. L'État pourrait le créer; des particuliers s'en chargent. A certains points de vue que nous verrons plus loin, des particuliers le feront mieux que le gouvernement, mais au regard de ceux qui en profitent, c'est un besoin public qui est satisfait, non une aumône qui est donnée.

Pour qu'elle ait toute son efficacité, l'œuvre sociale ne doit jamais être gratuite; la dignité de l'ouvrier n'est entièrement préservée que s'il verse une redevance : il fréquentera de préférence la crèche, l'asile, le lavoir où il paye une faible somme, plutôt que l'établissement où il trouverait, avec la gratuité, le signe trop visible d'une misère qui l'humilie et l'obsède. En achetant les services, il se relève à ses yeux : chaque acte est le résultat d'un effort spontané, le prix librement payé d'un travail. L'œuvre sociale doit mettre à sa portée le service; elle ne doit en aucune manière en faire un acte de pure bienfaisance.

En France, les œuvres de charité suscitées
par la foi sont nombreuses, elles sont dignes
d'admiration, plus riches en dons, plus fé-
condes en bienfaits que dans aucun autre
pays du monde[1]. Celui qui en dresse la statistique est saisi de respect et se dit que le
cœur n'est ni froid ni desséché en un pays où
se produisent de tels élans. Et ce qu'on sait,
ce que l'observateur recueille est si loin de ce
qui se fait ! L'œuvre qui se cache dépasse de
beaucoup ce qui se publie. Dirons-nous qu'il
ne reste rien à faire ? Il faudrait être bien
aveugle pour oser le prétendre, dans une ville
où le flot montant de la misère et de la corruption s'avance incessamment, mais je ne
crains pas de l'affirmer, tout est commencé,
la lutte est entamée partout. Paris qui a vu
au XVIIe siècle celui qu'on appelait « M. Vin-
cent » secourir les pauvres, soigner les malades, recueillir les orphelins, voit, après deux
cents ans, les admirables filles de Saint-Vin-
cent-de-Paul, continuer son œuvre avec le
même dévouement dans une société où tout

---

1. M. Othenin d'Haussonville et M. Maxime du Camp ont
écrit, sur la misère et sur la charité à Paris, des études remarquables. Elles démontrent admirablement ce que la charité a
fait et laissent entrevoir ce qui reste à faire.

2.

est changé, sauf les vertus sans cesse renouvelées de leur fondateur. La voie est donc tracée : il n'y a qu'à la suivre : les asiles manquent de place, les écoles de classes, les hospices de lits, mais les œuvres sont créées, il n'y a qu'à les étendre.

L'œuvre sociale, au contraire, est à peine entamée. Il y a eu d'admirables élans, mais il suffit d'en faire le dénombrement pour sentir les lacunes. Depuis quelques années, l'enfance a attiré tout particulièrement l'attention du législateur. Du premier âge jusqu'à l'école primaire, on a pris une série de mesures qui contribuent à sauver le corps et l'esprit des enfants du double péril de la mortalité et de l'ignorance. Dans cette voie, l'initiative privée fait la plus louable concurrence à l'État. Les sociétés protectrices de l'enfance, les médecins inspecteurs complètent le bien que la loi de 1874 ne peut suffire à assurer. C'est par milliers que les enfants échappent à la mort, grâce à cette combinaison des plus généreux efforts. Les crèches se développent ; les asiles se fondent. A Paris, où la Ville a fermé cent trente-deux écoles congréganistes, l'initiative privée en a ouvert dans le même temps cent trente-quatre. Quelle est la ville de France qui, en présence d'une soudaine laïcisation, n'a pas accompli ce tour de force? Nous ne parlons pas ici des programmes de l'instruction primaire et de l'enseignement moral dont nous aurions à déplorer les lacunes. Nous prenons l'action de la société et nous n'hésitons pas à dire que l'enfant, de sa naissance jusqu'à douze ans, a été l'objet des prédilections de la loi et des œuvres sociales.

Plus tard, il trouve bien encore les œuvres d'apprentissage, les patronages qui se placent entre l'apprenti et le maître qui l'emploie ; mais à mesure que l'adolescent grandit, qu'il atteint l'âge de sa transformation, l'œuvre devient beaucoup moins aisée.

C'est à quinze ans que le jeune homme a le plus besoin d'appui ; et, malheureusement, c'est l'âge des indépendances farouches.

A cette heure critique il faut agir d'une main légère. Plus d'un effort sincère a échoué. Les cercles ouvriers qui avaient excité l'engouement ont dépensé des sommes considérables hors de proportion avec le bien accompli. C'est l'aspect d'un intérieur laborieux, c'est l'esprit de devoir développé par la religion, c'est l'ensemble des idées morales inspirées par l'éducation, c'est avant tout la mère, c'est l'esprit de famille qui peuvent assurer le salut de l'apprenti à travers la crise de sa jeunesse et en faire un honnête ouvrier.

Les écoles d'adultes, et au premier rang les sociétés de patronage doivent y aider ; il suffit de voir la joie peinte sur le visage de ceux qui les fréquentent pour apprécier l'influence des patronages et pour mesurer le besoin qu'a la jeunesse de vivre, de penser et d'agir en commun.

Les vraies difficultés commencent à l'heure où le jeune ouvrier fonde une famille nouvelle.

Jusque-là, s'il n'avait pas de parents à sa charge, il était relativement aisé : son salaire comme sa force avait atteint le maximum : désormais, il lui faut se restreindre, venir en aide à celle qui tient son ménage, soutenir sa faiblesse et quand arrivent les enfants, voir s'accroître les charges dans une mesure qui dépasse toutes les prévisions. Il y a là une heure d'angoisse.

La petite chambre ne suffit plus : on cherche à s'étendre, puis on recule épouvanté du prix des loyers.

On se résigne à loger dans une seule pièce, mais les enfants sont là, piétinant et criant à peu de distance du poêle; dans la chambre autrefois bien rangée, s'entassent les lits et les hardes. Qui oserait affirmer que la vue de ce désordre et de ce bruit, n'ait souvent contribué à enseigner au père le chemin du cabaret? ne l'ait du moins habitué à prendre son repos en dehors de cet intérieur qui lui rappelle sa misère? Les vices naissent presque toujours de la faiblesse et, sauf pour les natures exceptionnellement trempées, rien n'affaiblit plus l'âme que les difficultés quotidiennes de la vie.

ÉTAT DES LOG..MENTS D'OUVRIERS A PARIS
EN 1885

Il semble qu'on oublie les conditions au milieu desquelles nous vivons. Ce n'est pas une industrie, c'est une série de villes industrielles qui sont nées et se sont développées depuis un quart de siècle et qui enserrent Paris d'une ceinture de fumée.

Le cercle, il est vrai, n'est pas complet, et ceux qui sortent de la ville vers l'Ouest, ne voient qu'un long horizon de promenades, à peine entrecoupées le long de la Seine par les usines de Courbevoie et de Puteaux.

Mais au Nord, à l'Est et au Sud, de Montrouge à Saint-Denis, les cheminées d'usine se multiplient, et de loin en loin les panaches de vapeur se détachent sur un épais nuage de charbon.

Vu de loin, Saint-Denis ressemble à Saint-Étienne. Aux époques de grève on parle sans cesse des ouvriers de Lyon, du bassin de la Loire. Sait-on ce que le département du Rhône renferme d'individus, hommes, femmes et enfants appartenant à l'industrie ? 268,000. La Loire ? 228,000, tandis que le département de la Seine en possède 1,347,276.

Les chiffres sont certains : le recensement de 1881 est formel. Le département de la Seine qui contient six fois plus d'ouvriers que l'agglomération lyonnaise, représente le septième de la population industrielle de la France.

C'est là un fait assez nouveau. L'encombrement des logements à Paris et la hausse des loyers sont des phénomènes relativement récents. Ils datent de vingt-cinq ans environ. Les grands travaux qui ont si heureusement assaini et embelli Paris ont eu ce contre-coup de chasser la classe ouvrière des maisons dont elle habitait les étages supérieurs et de la refouler au loin ; mais ce mouvement ne pouvait être général : il est beaucoup de professions qui retiennent ceux qui les exercent à proximité de leur travail. Il se produisit alors deux faits absolument distincts : dans l'intérieur de

Paris, de vieilles maisons reçurent un nombre dispro...tionné de locataires auxquels manquaient à la fois l'air, la lumière et la place; tandis qu'au loin des spéculateurs, de petits entrepreneurs, des maçons élevaient de médiocres maisons dont ils louaient aux ouvriers les chambres à peine achevées. Le plus souvent, le propriétaire disparaissait, laissant les ennuis d'une perception difficile au principal locataire : celui-ci, que ne retient point le respect humain, qui ne voit dans l'immeuble dont le sort lui est indifférent qu'une occasion de faire quelque gros bénéfice, convertit en logements des boutiques, des rez-de-chaussées humides, des remises, divisant et subdivisant les chambres, élevant les prix et rançonnant les ouvriers; il multiplie les exigences, exerce sur les locataires une tyrannie que rien ne tempère.

Dans la rue Sainte-Marguerite-Saint-Antoine, dans les rues qui avoisinent les Halles, dans le quartier Saint-Séverin, autour de l'ancienne place Maubert, on trouve des encombrements hideux que la loi ne devrait pas tolérer [1]. Franchissez le seuil : pénétrez dans

1. Un projet de réforme de la loi sur les logements insalubres a été proposé le 3 décembre 1881. Le rapport a été dé-

l'allée étroite et sombre, vous serez pris à la gorge par une odeur fétide, produite par les ordures ménagères et les latrines ; en avançant à tâtons, vos pieds heurtent contre les premières marches de l'escalier : si vos mains s'appuient sur le mur, vous le sentirez froid et gluant. « Des plombs partout démunis de leur hausse, ou des cuvettes à eaux ménagères non fermées saturent d'émanations délétères l'atmosphère qu'on respire dans ces bouges [1]. » Pour augmenter le rendement des immeubles, les pièces ont été divisées ; parmi les cabinets loués, « les uns ne sont éclairés qu'en second jour ; les autres, quoique n'ayant pas de cheminée, ne sont éclairés que par des châssis dormant de telle façon que l'air n'y est jamais renouvelé ». Il y a des chambrées où chaque locataire a 3 mètres cubes d'air, alors que le minimum doit être de 14 mètres. Si on s'ap-

posé en avril 1883. La Chambre des Députés ne le discute pas. Il y a cependant peu de réformes plus urgentes. Dans chaque quartier de Paris, il faudrait constituer un Comité d'enquête. Avec une inspection énergique, il y a peu d'abus qui ne seraient bientôt découverts et réprimés. Il est incroyable que toute une législature s'écoule sans que les députés songent à discuter une telle loi.

1. Ces citations sont empruntées aux remarquables travaux de M. le docteur du Mesnil sur l'*Habitation du pauvre à Paris* (Masson, 1882), et de M. le docteur Marjolin sur *les Causes et les Effets des logements insalubres* (Masson, 1881).

proche de l'unique fenêtre pour échapper à l'infection et qu'on veuille regarder au dehors, des linges de toutes sortes qui sèchent obstruent la lumière. L'odeur qui monte du sol prouve que la cour sert de réceptacle aux immondices jetées par les fenêtres et qui s'y putréfient à l'air libre. Souvent le principal locataire tient au rez-de-chaussée un débit de vins et liqueurs et, pour rendre le passage nécessaire par le comptoir, il a supprimé l'allée. On devine l'exploitation qui se cache derrière ce commerce.

Dans ces bouges, le prix varie de 45 centimes à 1 franc la nuit, c'est-à-dire de 168 à 365 francs par an.

Entre le garni où un logeur fournit une sorte de lit, une chaise et un débris de commode, et la chambre nue où l'ouvrier apporte ses meubles, la distance comme prix et comme description est très faible. Parmi les grandes maisons consacrées au logement des ouvriers, la cité Jeanne-d'Arc est le type : elle comprend huit immeubles à plusieurs étages divisés en 1.200 logements contenant 2,000 personnes. Les escaliers sombres sont moins éclairés et plus dangereux le soir qu'aucune partie de la voie publique au milieu de la nuit. Leur in-

fection défie toute description. Pour consentir
à y loger, il faut que le père de famille soit
réduit au dernier dénuement. Telle est l'immoralité de ces grandes agglomérations que la
mère, en vous parlant de ce logement, s'ex-
cuse spontanément d'y être venue habiter.

Si du XIII° arrondissement on revient à
Montmartre, à La Chapelle et qu'on entre dans
des maisons de bonne apparence où le nombre
et l'apparence des locataires inspirent quelque
confiance, on apprend que les familles à nombreux enfants ne sont pas tolérées. Pour
y être admis au jour du terme, les parents
n'avouent qu'un ou deux enfants : les autres
sont prêtés à quelque voisin complaisant ;
plusieurs jours s'écoulent : il en revient un,
puis la semaine suivante on en fait rentrer
un autre ; dès que le principal locataire faisant
fonction de concierge constate qu'il y a quatre
enfants dans le logement, il donne congé [1].

1. Le docteur du Mesnil a constaté le même fait. « Dans ce
charnier, dit-il (le clos Macquart), au milieu de ces misères
profondes, nous trouvons quelques intérieurs que le locataire
a su rendre à peu près habitables par des prodiges de soin et
de propreté. A ceux-là nous demandions avec mon collègue et
ami, le docteur Napias (qui a bien voulu m'accompagner dans
quelques-unes de ces explorations), comment avec des habitudes
d'ordre, de propreté, ils pouvaient venir loger dans de tels
taudis. — C'est, nous ont-ils répondu, parce que nous avons une
nombreuse famille et *que les propriétaires de nos maisons ne*

C'est ainsi qu'il existe de nombreuses familles chassées de terme en terme qui ne savent où se fixer. Conçoit-on les colères que soulèvent de telles injustices? Calcule-t-on sur qui elles retombent? Toutes ces iniquités vulgaires d'un gérant, ces mesquines violences d'un portier, d'un locataire principal, c'est le propriétaire qui en porte le poids, et derrière lui, la société tout entière. En vain direz-vous qu'il habite au loin, qu'il ignore ce qui se passe, qu'il a loué l'immeuble à un prix modéré, que l'intermédiaire a haussé les loyers et qu'il gagne sur lui, vos paroles ne porteront pas. Sur celui qui possède l'immeuble et sur lui seul les rancunes et les haines s'accumulent.

Depuis quelques années, il existe un nouveau genre d'habitations. Les chiffonniers et toute une population indigente et nomade ont construit dans divers quartiers, surtout dans des terrains vagues voisins des fortifications,

toléraient pas les enfants. — Quelques jours après, nous étions à la Préfecture de police, au bureau des passeports, quand se présenta un ménage jeune, de bon aspect; il demande à être rapatrié gratuitement. On lui fait valoir que le travail ne manque pas à Paris en ce moment. — C'est vrai, disent-ils, mais nous avons une famille nombreuse et les propriétaires ne veulent pas de nous. — Ces faits sont fréquents, nous a déclaré l'employé chargé de ce service. » *L'Habitation du pauvre à Paris,* p. 10 et 11.

des huttes en planches qui forment le dernier degré de l'habitation du pauvre. La cité des Kroumirs, qui a succombé sous les protestations de l'opinion publique, était une de ces agglomérations ; depuis que l'Assistance publique, propriétaire du terrain, a été forcée de donner congé au locataire qui avait entamé cette spéculation, un grand nombre de repaires semblables se sont formés. Aucune canalisation des eaux, pas d'écoulements, ni de fosses, des cabanes en planches mal jointes, parfois de vieilles voitures de saltimbanques sans roues posées sur des tréteaux, forment l'abri de ces malheureux. Que de là on se rende à la cité Doré « où toute une population grouille dans l'obscurité humide d'un dédale de ruines [1] », et on aura idée de ce que souffre la catégorie la plus humble de la population parisienne.

Tout ceci est extrait de documents officiels : ce que nous venons de décrire, nous l'avons lu dans des rapports de médecins, dans des constatations de la Commission des logements insalubres déplorant son impuissance. Nous avons voulu aller plus loin : nous avons tenu

1. Rapport adressé au maire du XIII⁰ arrondissement par la Commission d'hygiène de cet arrondissement le 17 mai 1881.

à voir par nos yeux ces misères, à refaire le calcul du cube d'air, afin de ne pas affirmer à la légère des faits aussi graves. Toutes les descriptions étaient exactes, et de plus, le prix des loyers que les hygiénistes n'avaient pas mission de rechercher constituait un terrible et éloquent commentaire.

Les chambres uniques valent au minimum 80 francs. Dans la proximité des fabriques, elles s'élèvent jusqu'à 15⁶ francs. J'en ai vu à 200 et à 220 francs; avec un petit cabinet, elles montent à 260 et 300 francs. La division des sexes n'a lieu en aucun de ces logements. Il faut arriver à trois chambres pour que la séparation soit possible. Or, les trois chambres sont un luxe fort rare dans la classe ouvrière, car elles valent partout plus de 300 francs. Pour mettre un prix aussi élevé à son loyer, il faut que l'ouvrier gagne 7 à 8 francs par jour.

Ainsi, à Paris, les logements des pauvres sont à la fois chers et malsains; les ouvriers cherchent en vain des conditions favorables à la moralité et à l'hygiène. D'abord ils s'irritent, puis ils perdent courage; lorsqu'ils se sont habitués à un intérieur repoussant, l'œuvre de dégradation physique et morale est presque consommée, il est trop tard. Le désordre produit par les habitations malsaines est presque incalculable. Songe-t-on au mal physique? les conditions d'habitation sont délétères pour l'adulte, nuisibles pour la croissance de l'enfant, fatales au développement de la race. — Calcule-t-on les dangers d'épidémie? la santé publique est en jeu comme la santé des individus. Il n'y a pas un quartier de Paris, quelle que soit la largeur des rues, qui ne puisse être empoisonné par les émanations accumulées dans les quartiers pauvres. — Cherchons-nous à mesurer le mal moral? Il est sans limites. Comment pouvons-nous espérer que dans ces taudis repoussants se développent les influences du foyer domestique, influences préservatrices qui seules défendent l'homme à travers les tentations sans nombre de la vie? — On parle d'instruction, on s'en occupe avec ardeur. Comment espérer que l'instruction populaire portera des fruits, quand les malheureux iront loger dans ces réduits infects où rien d'intellectuel ne peut trouver place? — On cherche à lutter contre l'intempérance. Est-ce en montrant un tel intérieur au père que vous l'éloignerez du cabaret?

Ainsi, la santé perdue, la morale compromise, l'instruction inutile, le cabaret détournant l'ouvrier, la vie de famille anéantie, voilà les résultats de ces logements que dans le voisinage des grandes usines on paye 200 francs, quelquefois 250 et 300 francs !

Examinons maintenant la question des logements sous un nouvel aspect. Est-ce la loi économique qui porte à ces taux élevés les loyers de Paris? Si le terrain, si le prix des constructions obligent partout le propriétaire à ces exigences, il n'y a rien à dire : c'est l'effet nécessaire d'un cours devant lequel il faut reconnaître notre impuissance. Dans le centre de la ville, nous devons admettre le taux exorbitant des logements : le sol est cher, la place est rare. Les loyers élevés peuvent représenter le prix légitime. Mais dans les faubourgs où le terrain est moins cher, dans le voisinage des fabriques, il se fait des spéculations éhontées. L'an dernier, les journaux avaient parlé des excellents travaux de M. le docteur du Mesnil sur l'habitation du pauvre et d'un rapport que j'avais présenté à ce sujet à l'Académie des Sciences morales : je reçus un matin la visite d'un entrepreneur qui venait m'offrir ses services : « Ah ! Monsieur, me dit-il, vous avez bien raison de vous occuper de cela. Il y a gros à gagner. » Je vis la méprise et me gardai de l'interrompre. « Voyez mon exemple, continua-t-il. J'ai construit à Grenelle des logements d'ouvriers et je gagne 12 0/0 nets. Je me fais fort de continuer sur une grande échelle. » J'ai voulu constater le fait. Il était exact. Depuis j'ai re cueilli une foule de confidences semblables.

Le cours des loyers peut résister plus longtemps que celui de toute autre marchandise à la loi de l'offre. Le nombre des maisons est limité ; les logements d'ouvriers sont entre les mains de logeurs et de principaux locataires qui n'hésitent pas à attendre, pour lutter contre l'avilissement des prix. On le voit bien depuis deux ans à Paris, où, malgré la crise, malgré le nombre exagéré des constructions, la baisse des loyers est à peine sensible. Il faut donc agir en vue de l'abaissement des prix et se contenter d'un intérêt raisonnable. C'est le seul moyen de faire tomber une industrie dont les conséquences en tous les genres sont déplorables. Non seulement elle frappe les classes ouvrières dans leur santé, non seulement elle les atteint dans leur moralité, mais elle contribue à exciter les pauvres contre les riches. Elle élève enfin le prix de la main-d'œuvre et porte dans la crise que nous traversons une atteinte mortelle aux industries de Paris.

Sous quelque aspect qu'on l'envisage, on sent que le problème des logements est le nœud de la question sociale.

De la solution qui lui est donnée découle l'existence de la famille. De l'espace et de la division en plusieurs chambres destinées aux différents sexes, dépend la moralité. Sortez une famille de la chambre malsaine, où elle végète entassée, sans air, presque sans lumière; prenez-la dans ces caves de Lille, où M. Jules Simon a trouvé des êtres humains, et d'où son beau livre de *l'Ouvrière* a contribué à les retirer; placez-la dans une des maisons à trois chambres telles que Mulhouse, le Havre et tant d'autres villes en fournissent le modèle; vous verrez se produire une subite métamorphose. Tout rentrera à sa place, d'abord les choses, puis les personnes, et à leur suite les idées. En peu de temps renaîtra le goût du foyer. Le père, qui n'avait jamais espéré un tel espace, prendra plaisir à son intérieur : la pièce où on vous recevra respirera, même dans le ménage le plus pauvre, un certain air soigné; revenez l'année suivante, à l'heure du soir où le travail de l'usine est terminé, vous trouverez l'ouvrier transformé en jardinier, béchant la terre et consacrant à son jardin les heures qu'il passait au cabaret.

Cette transformation est-elle le rêve d'une imagination en quête de chimères ? Parcourons toutes les villes industrielles de France, interrogeons les chefs d'ateliers, les patrons : leur déposition sera unanime. La moralité, l'esprit de famille se développent suivant les conditions du logement. C'est une loi universelle et nous aurons occasion de la voir observée dans les pays les plus divers.

Lorsque Londres est devenue, elle aussi, une ville industrielle, le même problème s'est posé. Il n'y avait pas de ville où les logements pauvres fussent plus affreux. Aujourd'hui encore la misère y revêt un caractère plus hideux que partout ailleurs et dans la lutte entamée contre elle, il n'est pas difficile aux publicistes anglais d'appeler l'intérêt sur des descriptions dont il est trop aisé de contrôler l'exactitude. Londres augmente chaque année de soixante-dix mille âmes : aucun quartier ne se vide : dans cette ville dont la population a dépassé en 1880 celle de l'Écosse et continue à croître, la poussée humaine a produit des résultats devant lesquels l'imagination recule effrayée.

S'est-on découragé? A-t-on attendu patiemment que la loi de l'offre et de la demande eût agi sur les propriétaires et les eût décidés à construire des maisons à la portée des familles d'ouvriers? S'est-on dit qu'en négligeant à dessein ces misères on retarderait l'accroissement de Londres? Ni ces calculs puérils, ni ces raisonnements faux n'ont arrêté l'initiative.

Il faut se placer en octobre 1883 pour embrasser d'un coup d'œil l'effort accompli par nos voisins. Une brochure venait de paraître dans laquelle étaient peints sous les couleurs les plus sombres, les logements où étaient entassées les familles d'ouvriers de Londres. A ce cri d'alarme répondirent comme un écho, la presse quotidienne, les revues et quelques semaines plus tard les orateurs des deux Chambres. En un instant la question des logements d'ouvriers prit le premier rang dans les préoccupations politiques. Il se fit sur elle un armistice entre les partis. Tout au plus, aperçut-on une préférence de quelques-uns pour l'action de l'État, tandis que la plupart demeuraient fidèles à l'initiative privée; mais chacun demandait avec une égale ardeur l'ouverture d'une de ces grandes enquêtes telles que le Parlement anglais sait seul les faire et qui, sans agiter les passions, sans troubler les intérêts, jettent une pleine lumière sur les questions. Il faut lire la discussion qui eut lieu à la Chambre des Lords pour se rendre compte de l'état d'un pays où l'aristocratie fait des questions populaires l'objet de ses continuelles études.

Après la vive et profonde harangue de lord Salisbury, nul ne fut surpris de voir l'héritier du trône se lever et tracer le tableau des misères de Londres, non d'après les récits d'autrui, mais en décrivant avec minutie ce qu'il avait vu, ce qu'il avait observé, ce que ses courses répétées dans les quartiers les plus pauvres, ses visites de garnis et de bouges lui avaient permis de constater. Le prince de Galles exprimait en finissant le vœu que, si une enquête devait s'ouvrir, la Couronne voulût bien le comprendre parmi les membres du Comité. Telles sont les mœurs politiques de l'Angleterre, tel est le rôle actif du prince de Galles, que le lendemain, en rendant compte du débat, aucun journal n'attacha à cette intervention du futur roi d'Angleterre une importance exceptionnelle. Le chef de l'aristocratie anglaise, en s'occupant des souffrances populaires, avait simplement accompli son devoir.

En ce pays, la noblesse et la fortune imposent l'obligation de multiplier les services.

Le Comité d'enquête fut formé de tout ce que les partis renferment de plus élevé, et depuis une année il a tenu plus de soixante-dix séances.

Pendant ce temps, les partisans de l'initiative privée agissaient ; profitant habilement de l'émotion publique, ils recueillirent des souscriptions, fondèrent des associations et entreprirent d'étendre le bien accompli.

A voir cet élan, un observateur superficiel aurait pu croire que le mouvement commençait à peine. Qui eût dit que dans cette ville de Londres, un grand nombre de sociétés de constructions s'étaient formées depuis vingt ans, que des plaines entières avaient été couvertes de constructions, que les curateurs du legs Peabody, employant le revenu des 12 millions et demi de francs laissés par le généreux Américain, ne se lassaient pas d'élever de nouvelles maisons, que dans leurs efforts ils rencontraient des associations de capitaux encore plus puissantes et que, dans cette concurrence du bien, chaque jour voyait naître des énergies individuelles ?

C'est ainsi qu'on est arrivé à donner à

20,600 familles d'ouvriers un logement de deux ou trois chambres, en bon air, loin du tumulte et des agglomérations fétides.

Ce que la société anglaise a tenté pour Londres, quelle est en Europe la société qui n'a pas essayé depuis vingt ans de l'accomplir?

En Allemagne, sous la menace du socialisme, on s'est alarmé de l'état des logements et on a voulu arracher les ouvriers à l'influence néfaste d'une promiscuité qui, partout où elle se produit, anéantit la famille. Nulle part le mal n'était plus aigu. C'est le seul pays d'Europe où la statistique officielle, relevant le nombre et la situation des logements d'ouvriers, ait été obligée de faire place aux « demi-lits », les ouvriers s'associant pour diminuer les frais. Dans toutes les villes industrielles, autour des grandes usines, des maisons ont été élevées.

L'État, il faut le reconnaître, avait donné l'impulsion à ce mouvement. Dans les mines, dont il a conservé l'exploitation, il a fait construire des maisons qui ont changé les conditions morales des mineurs; il a organisé tout un système de primes pour exciter le mineur à construire lui-même son foyer. Cet exemple a été partout imité; dans la vallée du Rhin, aussi bien que dans la partie orientale de la Prusse, autour des petites usines jusqu'à l'établissement trop célèbre de M. Krupp, le voyageur rencontre à chaque pas en Allemagne des agglomérations de maisons qui attestent la vigilance des patrons [1].

Dans les Pays-Bas, autour de la plupart des villes, on voit s'élever de longues files de petites maisons où logent les ouvriers. Seule, Amsterdam était demeurée étrangère à ce mouvement, lorsque s'est produite assez récemment une réaction contre les logements sordides des ouvriers, qui vivaient, soit dans des combles, soit dans des caves humides et parfois inondées. Depuis quelques années, des Compagnies se sont formées : elles ont construit autour d'Amsterdam un grand nombre de petites maisons saines qui constituent un progrès très considérable, bien que louées à des prix encore trop élevés. Elles rapportent 6, 7 et 8 0/0 et coûtent 300 francs par an pour 2 pièces [2].

La Belgique n'est pas restée en arrière. A

1. René Lavollée. *Les classes ouvrières en Europe*, t. I, p. 151 et 185.

2. *Ibid.* t. I, p. 360.

Anvers, à Verviers, à Liège, et enfin à Bruxelles, des sociétés pour la construction d'habitations ouvrières se sont formées depuis 1867 et ont répandu depuis quinze ans leur action.

De tous les pays d'Europe, la Suisse est celui où se sont le plus multipliées les institutions et les entreprises destinées à assurer des logements sains. Les conditions exceptionnellement salubres des chalets ont tout naturellement stimulé l'émulation. Entre les paysans et les ouvriers des villes, la comparaison s'est établie et l'opinion publique n'a pas toléré l'entassement de nombreuses familles dans des logements qui, dans d'autres pays, n'auraient pas soulevé de protestations. Toutes les combinaisons ont été essayées pour loger les ouvriers ; le développement prodigieux de l'esprit d'association, qui est, en Suisse, comme partout, l'indispensable corollaire et le correctif de la démocratie, a servi la cause des ouvriers : système de Mulhouse, maisons-casernes, petites cités ouvrières, tout a été appliqué avec la persévérance et l'activité qui sont les qualités de la race[1].

En Italie, le mouvement est plus récent : il

---

1. René Lavollée, t. II, p. 114

ne date que de peu d'années. Les Caisses d'é-
pargne et les Sociétés de secours mutuels y
ont puissamment contribué. A Bologne, la
Caisse d'épargne a pris sur ses bénéfices 50,000
francs pour augmenter le capital de la Société
des maisons ouvrières. A Milan, une Société de
ce genre s'est formée en 1879 au capital de
40,000 francs, chiffre qui s'est accru rapidement.

Des maisonnettes ont été construites : chacune a son jardin. En 1881, M. Léon Say a
visité, « dans l'une de ces maisons, le seul
député ouvrier du Parlement italien, M. Maffi,
ouvrier typographe. Il avait acheté sa maison
2,583 francs et il la paye en vingt-cinq ans à
raison de 170 francs par an[1] ».

La France s'est-elle refusée à toute action?
Ce serait injuste de le croire.

Au Creusot, comme à Anzin, au Havre
comme à Lille, un très louable effort a été
accompli; mais s'il est suffisant dans quelques
villes exclusivement vouées au travail, où un
chef d'industrie, une société a ouvert la voie,
si on a cherché sur certains points à améliorer le sort d'une catégorie d'ouvriers, l'œuvre

---

1. *Dix jours dans la Haute-Italie*, par M. Léon Say, p. 9,
10 et 68. Paris, Guillaumin, 1881.

sociale n'a été ni mesurée dans son étendue, ni entamée avec une résolution virile.

Dans Paris, une seule tentative a été faite : cinquante maisons ont été construites à Auteuil ; le succès a été complet et grâce à la Société qui s'est constituée en 1882, cinquante familles ont un logement sain qu'elles sont en voie d'acquérir par annuités. Malheureusement le terrain est cher et le prix du loyer doit être élevé : 4 à 500 francs par an, en y comprenant l'amortissement qui les rend propriétaires, conviennent à des contremaîtres, à des ouvriers aisés, à des employés, non à cette classe, de beaucoup la plus nombreuse, qui vit sur les confins de la misère et qu'une maladie, de nouveaux enfants ou le moindre chômage jettent dans la détresse. Pour eux, rien n'a été fait jusqu'à ce jour et tout est à faire.

§ 5

DANGERS ET SÉDUCTIONS DU SOCIALISME
D'ÉTAT.

Les œuvres sociales ont malheureusement
en France des défenseurs qui en sont les pires
ennemis. L'école socialiste, en les prônant
comme une panacée, en promettant au peuple
l'extinction de la misère, en agitant devant
les ouvriers les folles promesses d'un travail
sans efforts récompensé par des salaires sans
limites, a soulevé contre elle le bon sens public. Elle a promulgué d'ailleurs ce programme
au bruit de la guerre civile ; les insurrections
de juin 1848 ont entouré son berceau, l'Inter-
nationale a favorisé de nos jours sa résurrec-
tion, la Commune a repris ces chimères sans
avoir le temps de les appliquer et lorsqu'elles
reparaissent aujourd'hui dans les colonnes

d'une presse sans frein, elles sont entourées de tels appels à la violence qu'on a peine à distinguer les utopies des cris de mort et des menaces de pillage. Il faut cependant dégager de sang-froid le fond des idées qui ont cours parmi ces rénovateurs de la société. Derrière les clameurs se cache une doctrine; c'est elle qu'il faut chercher; les crimes passent, mais l'idée reste; elle est facile à saisir. Charger l'État de supprimer les souffrances, c'est la formule magique qui résume toute la théorie du socialisme.

L'ouvrier souffre de l'excès des dépenses: il faut que l'État intervienne pour taxer les objets de consommation. — Le loyer est la plus lourde charge: l'État doit loger le prolétaire, soit en fixant la redevance du propriétaire, soit en se faisant constructeur et en prenant sur l'impôt pour venir en aide au locataire. — Les enfants coûtent cher; déjà l'État a pris à son compte l'instruction primaire; ce n'est pas assez: l'instruction intégrale, (c'est la formule nouvelle), doit être donnée gratuitement et on entend par là une création d'internats gratuits dans lesquels la jeunesse sera élevée aux frais de la nation. Déchargé de ses enfants, garanti par un maximum contre la cherté des vivres et des loyers, l'ouvrier se tiendra-t-il pour satisfait? Non. Les courtisans du peuple lui répètent que ces premiers succès ne sont rien et qu'il a droit à tout.

Les salaires sont variables. Quand ils s'abaissent, l'ouvrier souffre ; c'est à l'État qu'aussitôt il s'adresse pour réformer l'inévitable loi de l'offre et de la demande ; il a réclamé la fixation d'une série de prix qui réglât le marché, il l'a obtenue à Paris et il ne reste plus à ses mandataires qu'à rendre ce tarif obligatoire.

Quand le travail est régulier, l'ouvrier suffit à ses dépenses ; mais il y a des heures où le travail manque, où le salaire est suspendu. Contre les chômages, il semble que l'État soit impuissant. Erreur ; il faut que le Trésor ouvre ses coffres aux moments de crise, que le ministère des Travaux publics tienne en réserve des entreprises toutes prêtes à satisfaire aux besoins des ouvriers. On ne parle plus aujourd'hui de droit au travail ; le mot n'a pas fait fortune ; mais l'idée persiste et l'ouverture d'ateliers publics est hautement réclamée.

Cela ne suffit pas encore : les crises industrielles ne créent pas seules les chômages. Un ouvrier peut être congédié. Il faut que l'État or-

ganise des tribunaux spéciaux, se fasse juge
entre le patron et celui qu'il employait, fixe
les indemnités, règle les cas de renvois, subs-
titue sa discipline à celle du chef d'usine.
Les maladies sont la loi mystérieuse de notre
faiblesse ; elles interrompent le travail sous
une forme plus dure que le chômage. Contre
ces défaillances de la nature, il faut que l'État
institue des assurances, qu'il paie à l'ouvrier
malade un salaire, et cette origine de toutes
les misères sera abolie.

Un accident a-t-il privé l'ouvrier de l'usage
d'un de ses membres? Autrefois les tribunaux
recherchaient minutieusement à qui incom-
bait la faute et condamnaient le coupable à
payer des dommages-intérêts au blessé. Inutiles formalités ! L'État doit redresser la loi. Il
faut que toute incapacité de travail à la suite
d'un accident entraîne la condamnation du
patron, quelle que soit l'imprudence de l'ouvrier.

Vient enfin le mal auquel nul n'échappe,
la vieillesse. Ce jour-là, ce n'est plus un
salaire quotidien, c'est une retraite définitive
qui est due à l'invalide du travail qu'il faut
assimiler au soldat mutilé qui a versé sur le
champ de bataille son sang pour la patrie.

Ainsi de l'enfance à la mort, sur toutes les étapes de la vie, l'ouvrier rencontrerait les forces de l'État qui, comme une sorte de providence laïque, lui apporterait un salaire que nul accident ne pourrait réduire, des secours qui seraient indépendants de son travail, un appui qu'il n'aurait pas besoin de mériter. Régime idéal qui est destiné à anéantir la misère et dont le premier effet serait de supprimer l'effort !

Voilà pourtant le résumé des chimères qui ont cours parmi les ouvriers, que dis-je? qui enveloppent et pénètrent la classe ouvrière tout entière ! Ce serait une vaine folie que de se faire illusion, il faut voir le mal en face. La masse de ceux qui travaillent dans les villes est inféodée à ces utopies. Le peuple croit à l'action toute-puissante de l'État. Ses mandataires, imbus des mêmes sophismes, commencent à pénétrer dans les Chambres. Si le mouvement ascendant de ces doctrines n'est bientôt arrêté, sénateurs et députés ne tarderont pas à faire entrer le socialisme dans nos lois.

Contre ce péril, le plus grave qui ait atteint de nos jours la civilisation, quelles mesures pense-t-on prendre ?

On parle de remèdes politiques. Vaines illusions ! c'est précisément de l'ingérence de la politique dans les questions sociales que vient le mal. D'ailleurs les faits prouvent assez la vanité des efforts des gouvernements. Il s'agit d'un courant d'erreurs qu'aucune de nos révolutions n'a ralenti, que la possession et l'exercice du suffrage universel ont rendu plus puissant et qui prend aujourd'hui des proportions tout à fait menaçantes. Une révolution en dissimulerait peut-être un instant les progrès, puis le mal reparaîtrait plus terrible.

Que faut-il donc faire? — « Rien, répondent les docteurs du fatalisme. Vous abordez, nous disent-ils, une tâche impossible. Il n'y a pas de question sociale. La race des philanthropes est presque aussi dangereuse que celle des socialistes. La société est ainsi faite, prenez-en votre parti ! L'homme n'est plus aujourd'hui, en industrie, qu'une force : suivant son âge et sa santé, suivant que le moteur est plus ou moins puissant, il représente un profit ou une perte. Si la machine humaine donne un gain, l'épargne lui est ouverte. Si l'ouvrier représente une perte, ne sacrifiez ni votre temps ni votre argent, il n'y a pas d'effort qui puisse le sauver; tôt ou tard il sera éliminé, et dans l'intérêt de la société qui économisera les frais d'assistance, d'hôpital ou d'hospice, il est à souhaiter que l'élimination soit prompte. »

Ainsi, les premiers demandent tout, les derniers n'accordent rien. De part et d'autre, la folie est égale. Quand la plus grande partie du corps social souffre, c'est une suprême imprudence de déclarer que tous soins sont superflus. C'est rejeter l'armée des misérables dans les bras des charlatans politiques. Il faut être à la fois impitoyable pour les utopies et plein de compassion pour les maux guérissables. Ainsi, il ne faut pas se lasser de dire que l'État est incompétent en ces matières, qu'à le vouloir charger de toutes ces responsabilités, on ruinerait le Trésor, on ferait éclater les budgets et, ce qui serait plus irrémédiable encore, on paralyserait l'effort individuel. Mais, en même temps, il est nécessaire d'agir, de montrer à ceux qui souffrent, dans le présent, une sympathie féconde, dans l'avenir, une espérance. Il faut sans cesse avoir cette pensée présente à l'esprit: si une crise éclatait demain, qu'aurions-nous fait pour l'éviter?

Laissons donc de côté le langage des optimistes partisans de l'abstention, fermons l'oreille aux revendications violentes et mettons-nous en présence du problème qu'il s'agit de résoudre. Ne demandons pas aux exaltés ce qu'ils pensent. Cherchons quel est l'état d'esprit, non des vieux ouvriers, mais des hommes jeunes, qui ne sont pas enregimentés, auxquels les meneurs prêchent leurs funestes doctrines. Ils ne sont pas encore corrompus. Ils veulent s'élever par le travail. Les meilleurs ont l'espérance, s'ils réussissent, de devenir patrons. Rien de plus légitime. Ils sont dans un état d'esprit relativement sain. C'est eux qu'il faut interroger. Que veulent-ils? Quels sont leurs désirs?

Ils poursuivent, comme une idée fixe, l'amélioration de leur sort, cherchent à se prémunir contre les maux de la vie, le froid, la misère, les maladies, la mort prématurée. En cela, ils continuent simplement l'œuvre de l'humanité. Ils regardent au-dessus d'eux parmi les gens plus instruits et plus riches et ne voient qu'une foule oisive ou affairée, mais toujours indifférente, d'ou ne sortent, pour leur répondre, que des sceptiques ou des charlatans, les uns faisant entendre un langage désolé, les autres cherchant à exploiter leur infortune.

Entre ceux qui le flattent et ceux qui le découragent, que peut faire l'ouvrier? Lui est-il possible d'hésiter? Peut-il deviner les flatteries, réfuter les sophismes, discerner les illusions? Tout cela lui est impossible. Il aurait reçu « l'instruction intégrale », qu'il ne saurait pas plus que les grands de ce monde échapper aux flatteurs. La séduction est d'autant plus certaine que ses besoins sont plus impérieux. Il souffre, et sa misère explique toutes les contradictions dont nos yeux sont blessés. Il ne faut pas se lasser de le redire : dans les bas-fonds des villes, il y a beaucoup de préjugés, beaucoup d'erreurs venant de beaucoup de souffrances. Allez demander aux sœurs qui vivent dans les faubourgs et qui connaissent un peu mieux que la plupart d'entre nous, j'imagine, ces douleurs qu'elles savent consoler, ce qu'elles pensent des populations qui les entourent. Questionnez-les. Écoutez leurs réponses. On demandait à l'une d'elles comment elle pouvait circuler à toute heure dans le quartier à demi désert qu'elle habite, comment il se faisait qu'elle y fût saluée, respectée, alors que chaque élection donnait la presque unanimité à des candidats acharnés contre les congrégations : « N'en soyez pas surpris, dit-elle, ces gens n'ont pas nommé notre ennemi ; ils ont choisi celui qui leur a promis le plus. Ils souffrent tant ; c'est bien naturel ! » Ce mot est admirable d'abnégation ; de plus, il est profondément vrai. Chez tout misérable, il y a une proie offerte à tous les faiseurs de sophismes, un partisan inévitable des doctrines qui attendent de l'État, c'est-à-dire du socialisme organisé ou d'une révolution sociale, la guérison des maux de la société.

Ce que l'individu seul est impuissant à réaliser, ce que l'État ne saurait entreprendre sous peine de se ruiner et de paralyser les citoyens, il est une force qui peut le tenter c'est l'association.

CE QU'IL EST POSSIBLE DE FAIRE.

Logements à bon marché. — Sociétés de consommation. Caisses de retraites.

L'association est peut-être l'unique contre-poids de la démocratie. L'action de la démocratie est, on le sait, de niveler les hommes, d'égaliser les forces, de diviser incessamment les fortunes, de frapper d'impuissance à la troisième génération ceux dont l'aïeul possédait de grands revenus. Le mouvement qui tend vers une moins grande inégalité des richesses est donc irrésistible. Rien ne nous ramènera vers un état de société aristocratique. Entre l'État et l'individu, ne se placeront ni de grandes familles, ni de vieilles institutions, rien qui serve d'intermédiaire, de protecteur et d'appui.

Nous ne parlons pas ici des pouvoirs politiques, mais des fonctions sociales, de la protection des faibles, de ce rôle qu'ont joué tour à tour, suivant les temps et les lieux, les évêques, les seigneurs, les corporations, les jurandes et les guildes. Des bonnes villes de Flandre aux cités de Provence, du fond de l'Allemagne jusqu'en Angleterre, partout le travail était réglé et en même temps protégé. Nous ne regrettons pas ces chaînes, et nous ne voudrions pas voir renaître ce passé dont l'imagination se plaît à voiler les misères ; mais notre incrédulité au sujet de la légende de l'âge d'or ne nous empêche pas de reconnaître qu'il y avait jadis une protection qui n'existe plus.

Tout a conspiré à produire depuis un siècle cette émancipation du travail : l'introduction des machines, la révolution économique, l'accroissement et l'encombrement des villes sont autant de causes qui y ont contribué chacune pour leur part. Aujourd'hui la population ouvrière est divisée et impuissante. A elle seule, elle est incapable de résoudre les problèmes qui se posent tout autour d'elle. Entre les classes laborieuses dépourvues d'avances et les classes qui possèdent le capital doivent se nouer des rapports d'association. Cette alliance doit être dans l'avenir la clef de la question sociale.

Quel champ ouvert à l'activité pour ceux qui sont sincèrement attachés à leur pays, qui ont foi en ses destinées, qui répugnent à croire à sa décadence, qui aiment sincèrement les âmes, qui sont prêts à se vouer au service des humbles! Nul ne saurait douter qu'il existe en France, à l'heure actuelle, une foule de dévouements en disponibilité, souffrant de leur impuissance, cherchant en vain une voie, tout prêts à se lancer sur la piste, dès qu'ils l'auront entrevue.

Que l'œuvre sociale leur apparaisse, qu'ils en comprennent la nature et la portée, il se rencontrera des dévouements à la hauteur de la tâche. Serrons donc de plus près la question et voyons en quoi elle consiste.

La première de toutes les œuvres, nous l'avons déjà dit, est celle qui substituerait une habitation saine au bouge infect où s'entassent les familles qui ont de nombreux enfants. Nous voudrions qu'une statistique des logements pauvres de Paris fût dressée, qu'on y vît sans phrases, sans commentaires, le nombre de chambres uniques habitées par des famil-

les composées de six, huit ou dix personnes ; qu'on pût y constater par des chiffr. s
l'entassement sur un même espace, sans
distinction d'âge, ni de sexes, d'êtres humains n'ayant pas de lit, pas de matelas,
mais des tas de chiffons humides pour couche, vivant dans une promiscuité que l'étroitesse du logis rend inévitable. Il faudrait que
le chiffre de ces loyers fût rapproché de ces
faits, que chacun sût comment 50 centimes
par jour et souvent plus sont exigés de ces
malheureux.

A l'aide de tels documents nul n'aurait
besoin de longues et pénibles journées pour
parcourir la carte de la misère parisienne ;
chacun pourrait se rendre compte du mal
qui s'accomplit chaque jour par le fait du
logement.

Nous l'avons déjà dit : des habitations malsaines émanent tous les genres de corruption.

Quel contraste et quel changement si on
pouvait faire sortir du sol des milliers de
maisons de Mulhouse pour y loger ces malheureux ! On ne saurait trop le répéter, l'immoralité n'est pas la cause première de la
dégradation morale et matérielle où tombent

les pauvres. C'est l'insuffisance du logement qui dégrade et démoralise l'ouvrier.

Tout nous convie à agir. Les moyens manquent-ils? nullement. On peut, à Paris, en 1885, donner à une famille, pour 200 à 250 francs, une maison peu éloignée de l'enceinte fortifiée et composée de 2 à 3 chambres avec une cuisine et un petit jardin. Les actionnaires toucheraient 4 0/0 de leurs capitaux et en même temps d'un coup de baguette, le foyer serait fondé, la vie de famille serait reconstituée. A Paris, les conditions ne sont pas tout à fait les mêmes qu'à Mulhouse; la population y est moins sédentaire, tous les locataires ne deviendraient pas avec le temps acquéreurs de leurs maisons. Les uns se transformeraient en propriétaires, les autres ne paieraient que le loyer. Le Parisien n'aime pas les cités ouvrières; l'expérience a été faite. Il s'en défie. Il faut semer autour de Paris de petits groupes de maisons isolées, n'ayant pas un aspect uniforme, donnant à l'ouvrier l'impression qu'il est chez lui. Si elles sont situées à de petites distances des fortifications, le terrain sera cher et l'ouvrier viendra à pied à son travail. Si elles sont à plusieurs kilomètres, le terrain sera à bas prix, mais il faudra ajouter au loyer l'abonnement au chemin de fer ou au tramway. A l'heure actuelle, tous les ouvriers honnêtes ont le désir de s'établir de la sorte. Que des sociétés se forment, que les capitaux se dirigent vers une pareille opération, il y a place pour toutes les activités et, en quelques années d'efforts persévérants, les mœurs de toute une classe peuvent être modifiées.

A Strasbourg, a été fondée, en 1863, une société de loyers qui atteint un résultat analogue par d'autres procédés. Elle s'interpose entre le propriétaire et le locataire et, tantôt par des soins officieux, tantôt en se rendant principale locataire, elle obtient l'assainissement des locaux, améliore la salubrité ; en revanche, elle perçoit les loyers par semaine, garantit l'ouvrier contre sa propre imprévoyance et transforme peu à peu les mœurs.

Des associations ont accompli la même œuvre à Londres : Miss Octavia Hill acquiert et loue les maisons infectes pour les assainir, et cette singulière spéculation n'a pas encore ruiné celle qui lui doit les témoignages de la gratitude populaire.

Dans cet ordre d'idées, les moindres réformes ont du prix. Le paiement trimestriel du loyer oblige le locataire à mettre de côté une somme importante à laquelle il est trop tenté de toucher; le paiement hebdomadaire coïncidant avec la paie serait tout au profit de l'ouvrier. Quelques caisses d'épargne de loyers se sont établies à Paris, dans lesquelles le lundi matin est versée une somme prélevée sur la paie; puis la veille du terme l'encaisse est remboursée avec une prime qui attire et engage le déposant.

Ainsi, construction de maisons, amélioration des logements pauvres, caisses d'épargne spéciales, voilà pour résoudre le problème capital de l'habitation bien des procédés d'assistance qui ne doivent rien ni à la charité, ni à l'intervention de l'État.

Après le loyer, ce qui alarme le plus l'ouvrier, c'est la dépense du ménage. Contre les utopies d'un tarif de denrées, promulgué par l'autorité, il ne faut pas se lasser de le mettre en garde, mais le besoin le presse, il cherche à échapper aux exigences des petits commerçants. Il se dit que s'il achetait en gros, il paierait moins cher, mais il n'a pas d'avances.

Comment résoudre ce problème en apparence insoluble? Des sociétés, des chefs d'usine ont imaginé d'acheter et d'emmagasiner tout ce qui pouvait être nécessaire à la nourriture et à l'entretien de ceux qu'ils occupaient et de le leur fournir au prix d'achat en gros, en déduction de leurs salaires. La Compagnie du chemin de fer d'Orléans a établi, il y a près de trente ans, à Ivry, un magasin de ce genre. En 1884, 18,000 employés ont acheté des denrées et des vêtements pour une valeur de plus de cinq millions de francs. Ils y ont trouvé un profit qui varie entre 10 et 25 0/0 au-dessous du cours des marchandises débitées au détail. Le pain, fabriqué avec la farine de première marque venant des moulins de Corbeil, est vendu 27 centimes le kilogramme, c'est-à-dire 7 et 8 centimes de moins que chez les boulangers. L'exemple d'Ivry a été suivi : la Compagnie de l'Ouest, Anzin, Montataire, ont établi des magasins de consommation que fréquentent les ouvriers et dont ils se montrent fort reconnaissants, quand les intérêts lésés des débitants, devenus, en des heures de crise, les meneurs de la grève, ne viennent pas troubler les têtes. En plus d'une ville, les ouvriers ont essayé de former eux-mêmes, à leur profit, des Sociétés de consommation. Cette tentative est en voie de développement;

mais parfois le premier fonds de roulement fait défaut; les ouvriers ne savent pas éviter les écueils de ces sortes d'entreprises. Il faut puiser l'expérience auprès de ceux qui ont réussi; il suffit de quelques bonnes volontés intelligentes, de conseils donnés à propos pour faire entrer les Sociétés de ce genre dans la véritable voie et leur éviter de graves mécomptes.

De tous les soucis de l'ouvrier, le plus poignant, nous l'avons dit, est la perspective de la vieillesse. Le déclin des forces lui annonce toute une série de privations à l'âge où elles entraînent un cortège de douleurs et de maux. L'hospice ne s'ouvre que pour les privilégiés, et encore n'est-ce qu'aux limites extrêmes de la vie. La diminution des salaires, une diminution lente, inexorable, précède de longtemps l'indigence; il n'est pas de paye, si l'ouvrier travaille à la tâche, où il n'en voit croître les symptômes avant-coureurs. C'est une longue lutte sans espoir, dans laquelle chaque année est marquée par une défaite, chaque budget par un déficit. Les Sociétés de secours mutuels favorisent, il est vrai, la constitution de fonds de retraite; mais ce n'est pas leur but principal. La Caisse de retraites, instituée en 1850, a rendu des services considérables à la population : de 7 millions en moyenne par année sous l'Empire, les dépôts se sont élevés à 39 millions en 1879, à 59 millions en 1880, et ont atteint en 1881 68 millions. Dans cette dernière année, 106,000 parties prenantes touchaient au total une rente de 17 millions de francs. Ces résultats marquent un immense progrès, puisqu'en cinq ans (de 1876 à 1881), la Caisse des retraites a reçu un capital aussi élevé que pendant les vingt-cinq premières années de son fonctionnement.

Ce développement inouï est l'indice d'un besoin qu'il faut satisfaire : nous sommes très loin encore des formes que devront prendre avec le temps les retraites. Il y a des chefs d'usine qui, soit à l'aide de retenues, soit par des versements volontaires, ont préparé pour la vieillesse de leurs ouvriers, des pensions qui leur sont servies à partir d'un certain âge. Généralement les ouvriers perdent, en quittant l'usine, tout droit sur ce pécule; quelquefois, il leur est remboursé au départ; alors c'est la perspective d'une retraite qui s'évanouit, si, par un effort dont il est rarement capable, l'ouvrier ne verse de nouveau la somme dans une caisse spéciale. Pourquoi les chefs d'industrie ne formeraient-ils pas dans un département une caisse de retraite ?

Pourquoi n'étudieraient-ils pas les meilleurs moyens de former une réserve, d'en assurer à l'ouvrier le produit ? Dans cet ordre d'idées, que d'enquêtes à poursuivre ! que de faits à recueillir ! que de besoins à satisfaire. Le jour où quelques patrons auront pris dans une région cette initiative, la chimère des invalides du travail dotés par l'État d'une pension de retraites aura subi un grave échec.

Ainsi, l'initiative privée, l'esprit d'association, l'emploi intelligent du capital au profit des besoins légitimes de la population ouvrière, telles sont les vraies armes contre les utopies du socialisme. Nous avons passé en revue les maux de la vie. Il n'en est pas, nous pouvons l'affirmer, qu'un effort persévérant ne puisse atténuer. Quant à les guérir, nous ne le prétendons pas : les charlatans seuls ont ces secrets.

§ 7

CE QUE LES FRANÇAIS ONT SU FAIRE PAR L'INITIATIVE PRIVÉE AU POINT DE VUE SOCIAL.

Caisse d'épargne. — Société de secours mutuels. — Crèches asiles. — Hospitalité de nuit.

Il est de mode d'attribuer aux Anglo-Saxons le privilège des grandes initiatives. A entendre certains détracteurs de notre race, qui cachent leur impuissance derrière un prétendu vice du sang, les Français seraient inhabiles à créer. Rien n'est plus faux. A cette accusation, l'histoire donne un absolu démenti. Sans remonter au delà de ce siècle et sans sortir du cercle de notre étude, que d'exemples pourrions-nous citer ?

Contre le chômage et la maladie, les deux

grandes œuvres sociales accomplies dans notre
siècle sont les Caisses d'épargne et les Sociétés
de secours mutuels. Lorsque M. Benjamin
Delessert, en 1818, montrait l'exemple de
l'Angleterre où depuis vingt ans s'était organisée la première Caisse d'épargne, sa confiance était accueillie par le sourire des
incrédules ; il n'était pas de ceux qui se découragent ; avec son ami, le duc de la Roche-
foucault-Liancourt, il détermina en 1818 la
Compagnie royale d'assurances maritimes à
ouvrir une Caisse à Paris et ne tarda pas à
fonder la Caisse d'épargne dont les dépôts
s'élevaient, trente ans plus tard (1847), pour
Paris seulement, à 90 millions, pour la France,
à 370 millions. Le 31 décembre 1881, le solde
dû aux déposants était de 1,406 millions. La
Caisse d'épargne postale, destinée à faire pénétrer l'épargne dans les plus petites communes,
a ouvert le 1er janvier 1882 ses opérations
dans les 6,000 bureaux de poste. Loin d'en-
traver le mouvement ascendant des Caisses
d'épargne, il semble que la concurrence leur
ait été favorable. Dans l'année 1882, la poste
a reçu 64 millions pendant que les anciennes
Caisses passaient de 1,406 millions à 1,745.
Le 31 décembre 1884, les Caisses d'épargne

possédaient plus de deux milliards [1]. Que penseraient de ces chiffres ceux qui doutaient de l'initiative si courageusement assumée par M. Delessert?

Pour les Sociétés de secours mutuels, la progression n'a pas été moins frappante. Sous la Restauration, on en comptait 132. A la fin du Gouvernement de Juillet, elles avaient dépassé 2,000. Aujourd'hui, la France en a plus de 7,000, comptant 1,065,000 membres, disposant d'un capital qui a doublé depuis douze ans et qui atteint aujourd'hui cent millions. En 1880, cinq millions de francs ont été distribués en indemnités pour 4 millions de journées de maladies, outre les frais de médecins et de médicaments. Ces chiffres tout énormes qu'ils semblent ne doivent pas faire illusion. En présence d'une population ouvrière de 15 millions d'individus voués à l'industrie et au commerce, le nombre des membres des sociétés de secours mutuels et leurs opérations doivent doubler et quadrupler. Elles ne comprennent, cinquante ans après leur création, que

---

1. Au lieu d'aider l'Etat à accroître sans mesure sa dette flottante, ces sommes énormes ne pourraient-elles pas contribuer à la richesse publique en alimentant des créations d'intérêt populaire? Il y a là un problème dont l'accroissement continu des dépôts nécessite l'étude et doit hâter la solution.

la quinzième partie de la population ouvrière :
ce chiffre est trop faible. Sous le titre de
membres honoraires, ceux qui veulent prendre
part aux charges sans participer aux avantages de la société peuvent y entrer. Pour
toute la France, il y a 148,000 membres honoraires. Ce chiffre ne représente même pas
celui des électeurs censitaires de 1847. Il
constitue un reproche qui doit stimuler notre
activité. Toute personne au-dessus du besoin
doit faire partie d'une société de secours
mutuels.

Les Caisses d'épargne datent de la Restauration. Les sociétés de secours mutuels appartiennent au milieu du siècle. A toutes les
époques, des hommes de cœur se sont ren-
contrés pour chercher ce qui pouvait manquer
à l'humanité.

« Dans ces dernières années, disait M. Thiers
en 1850, une innovation des plus ingénieuses
et des plus touchantes, sous le titre de
crèches et de salles d'asile, a institué des
lieux pour y recueillir l'enfance depuis l'âge
le plus tendre jusqu'à l'âge de l'école et sup-
pléer ainsi aux soins de la mère, obligée
d'aller travailler loin de son enfant pour gagner la vie de cet enfant et la sienne ».

« L'humanité de notre temps, à peine averti de cette lacune existante dans nos institutions de bienfaisance, s'est emparée de cette idée, et les crèches, les salles d'asile, se sont multipliées dans toute la France, avec une promptitude qui prouve que le cœur de cette Société n'est ni barbare, ni même froid, et qu'il suffit que le bien soit certain et possible pour qu'elle s'y livre avec ardeur. »

Depuis 1850, le sentiment public s'est-il refroidi? Pour le croire, il faudrait ignorer l'Hospitalité de nuit, fondation mixte, tenant de la charité ses moyens, se rattachant par son but à l'œuvre sociale et qui, à peine établie à Paris, a été l'objet de la reconnaissance publique. Il a fallu des fonds, de l'activité, de l'abnégation. Tout a été rencontré. Les asiles de nuit ont retrouvé, à trente-cinq ans de distance, des cœurs semblables à ceux qui, à l'appel de M. Marbeau, avaient fondé les crèches.

En s'attachant à ces œuvres, la charité et l'initiative privée, tout admirables qu'elles soient, n'apportent aux maux dont souffrent les pauvres que des palliatifs. Ce qu'il faut, ce sont des remèdes.

La famille bien constituée dispenserait de

tout : le partisan le plus déterminé des crèches et des asiles ne préfère-t-il pas cent fois une mère travaillant chez elle et gardant son enfant? La prévoyance du père de famille épargnant pour sa vieillesse ne diminuerait-elle pas le nombre de ceux que recueillent les hospices? Toutes les œuvres d'assistance nous ramèner donc au même point : la constitution de la famille : c'est là qu'est la solution, c'est là qu'il faut porter nos efforts.

C'est ainsi que l'œuvre du logement apparaî la première de toutes, car elle fonde le foyer domestique, ce véritable instrument de notre salut, de telle sorte qu'en élevant pour les ouvriers, à l'aide de capitaux et de dévouements improductifs, des maisons saines, salubres et attrayantes, on accomplit une œuvre deux fois utile : — on arrive au relèvement de la famille — on organise le patronage de la classe dirigeante.

A la fin de sa vie, un homme qui avait employé son existence à faire le bien et dont ses contemporains ne prononçaient le nom qu'avec respect, M. Benjamin Delessert, auquel nous avons déjà rendu hommage, écrivit du style le plus simple, une brochure de quelques pages portant pour titre : *Fondations qu'il*

serait utile de faire[1]. Sentant qu'aux termes de
sa carrière, il ne pourrait plus créer d'œuvres
nouvelles, il voulait du moins donner à ceux
qui lui survivraient quelques-unes des joies
que lui avait fait goûter la fondation des
Caisses d'épargne, et de tant d'autres œuvres
utiles.

Avec une sagacité profonde, M. Benjamin
Delessert pense à tous les besoins de Paris.
Créer dans chaque arrondissement un dispen-
saire pour faciliter les soins à domicile, augmenter le nombre des petits hôpitaux, organiser
des maisons de travail et de secours provi-
soires, multiplier les fourneaux; établir des
bains et des lavoirs, ouvrir des bureaux gratuits de renseignements et de consultations,
construire enfin des logements à bon marché,
tel était le programme. Sur plus d'un point,
les vœux de M. Delessert ont reçu satisfaction; sur les logements qui attirent en ce
moment notre attention, il s'exprime avec
netteté : « Il serait à désirer, dit-il, que l'on
» pût construire ou disposer des maisons dans
» lesquelles on logerait le plus sainement et le

---

1. Nous avons retrouvé un exemplaire, peut-être unique, de
cette brochure à la *Bibliothèque Nationale,* en cherchant des
biographies de M. Delessert.

» plus commodément possible des ouvriers ou
» de pauvres familles. On exigerait d'eux un
» loyer modéré, payable par semaine. On n'i-
» gnore pas qu'une des grandes gênes pour les
» indigents est de ramasser au bout du terme
» l'argent nécessaire à l'acquittement de leur
» loyer. » Voilà en quelles paroles simples et
précises celui qui trouvait sa vie trop courte
pour le bien consignait ses vues et le résultat
de son expérience : aucun de ses projets ne
peut passer pour chimérique. La plupart sont
réalisés ou souhaités par les juges les plus
compétents. A relire cet opuscule, il est impossible de ne pas ranger son auteur parmi ces
bienfaiteurs de l'humanité dont la vie a été
tellement féconde, le nom si hautement honoré
que, de longues années après leur mort, leur
mémoire peut encore susciter l'initiative et
faire naître des bienfaits.

§ 8

NÉCESSITÉ DE L'ACTION

La voie est ouverte, le chemin est facile. Veut-on s'y engager ? Les partisans du repos, ceux que nous appelons les fatalistes, diront que les peuples suivent un développement marqué d'avance, que l'action individuelle, comme la mouche de la fable, fait grand bruit et aussi peu de besogne, qu'il faut attendre et laisser la civilisation porter ses fruits. Contestez leurs théories, cherchez à calculer leur confiance dans ce progrès indéfini et beaucoup d'entre eux vous avoueront enfin qu'ils croient à la vieillesse des peuples, à l'impossibilité de lutter contre leur décadence.

Voilà bien le dernier mot de l'abstention individuelle ! Voilà à l'aide de quelles réflexions le découragement dont nous périssons, gagne de proche en proche comme une paralysie et s'étend au corps social! Il n'y a pas d'hommes que ce langage n'affaiblisse. Il n'y a pas d'âge de la vie où ces défaillances ne soient pernicieuses ; quand elles s'attaquent aux plus jeunes, à ceux qui entrent dans la vie, riches ou pauvres, elles sont mortelles pour leur âme. La jeunesse a besoin de lointains horizons, de longs espoirs. Que lui offrez-vous? les plaintes, les vaines doléances, les regrets pour un passé qu'elle n'a pas connu. Elle a besoin d'air, de vie, de mouvement. Vous lui présentez des récriminations sans issue, des œuvres vieillies qu'elle n'a pas eu la joie de fonder, un mouvement dans le vide semblable à celui des ailes poussées par le vent d'un moulin sans mouture. L'action, l'action qui féconde, qui produit, qui crée, qui laisse sa trace, voilà ce qu'elle aime ; la jeunesse porte avec elle des illusions sans bornes ; laissée à elle-même, elle est généreuse ; elle veut le bien et le sait possible. Elle a horreur de la routine et se croit toute puissante. Servons-nous de ses qualités, usons de son incomparable élan que n'ont pas refroidi les années. Chez les jeunes gens, le scepticisme n'est qu'à la surface : c'est une tenue de commande qui disparaît dès que le cœur bat; que l'âme soit émue et vous retrouverez des dévouements prêts à se prodiguer.

L'heure est passée d'ailleurs d'hésiter et d'attendre : nul ne peut se le dissimuler. La question qui se pose nous obsède : La France est-elle perdue? Entre la guerre sociale qui la menace et le découragement qui nous entoure, entre la démocratie qui monte et l'activité des classes riches qui décline, y a-t-il place pour un effort vaillant? Le malentendu dont nos oreilles sont assourdies est-il le dernier mot des classes en lutte? A nos yeux le salut est possible, mais à une seule condition. Il faut qu'à tout prix entre les partis s'établisse sur ce point un accord, qu'entre les classes aujourd'hui divisées, se forme un lien, que des relations se nouent, que des services soient rendus. Le contact individuel, c'est la baguette magique à l'aide de laquelle la rupture peut être évitée.

Vous visitez une usine dont les ouvriers sont nombreux; on vous dit que leur esprit est bon. Examinez de près les rapports avec le chef, vous apprendrez qu'il est juste envers tous, qu'il connaît non seulement ses hommes, mais leurs familles ; qu'autour de lui se meut toute une activité pour le bien, que sa femme visite les femmes malades, s'occupe des enfants, soigne les infirmes ; que de son foyer heureux, les siens partent comme des missionnaires d'une mutuelle assistance, pour acquitter en soulageant ceux qui souffrent, la dette de leur bonheur.

Il en est de même pour les exploitations rurales. Vous parcourez à la campagne un pays qui vous est inconnu. Sur la route, les visages sont ouverts et ne se détournent pas, les paysans vous saluent, on vous dit que l'esprit est bon. Cherchez à vous rendre compte de l'état moral des populations. A coup sûr après avoir constaté que l'action de la ville ne s'est pas fait sentir, vous apprendrez que, non loin, vit un propriétaire fort occupé du canton, qu'il y habite la plus grande partie de l'année ; on vous dira qu'il s'occupe lui-même des paysans, qu'il est leur conseil et leur guide, qu'on vient le trouver dans tous les embarras comme dans toutes les joies de la famille pour l'associer aux difficultés comme aux fêtes, et on terminera en vous disant qu'il est la providence du pays.

Ce que beaucoup de patrons font en France, ce que quelques propriétaires habitant pendant de longs mois la campagne savent faire autour d'eux; par une action individuelle, il faut l'accomplir, sous toutes les formes, dans les villes à l'aide des associations.

Veut-on savoir comment l'Angleterre retarde chez elle l'explosion de la révolution démagogique? Ce n'est pas seulement à l'aide de son admirable sens politique, mais au moyen de ce patronage héréditaire d'une aristocratie dont nous n'imaginons pas les efforts. De loin nous voyons de grandes existences, un luxe qui nous éblouit, des lords vivant dans leur résidence au milieu du respect de nombreux tenanciers et nous sommes tentés de les comparer à ceux qui mènent une existence du même genre de ce côté de la Manche. A s'en tenir aux surfaces, il n'y a d'autre différence que la proportion de la fortune. Pour qui pénètre dans la vie intime de l'aristocratie anglaise, tout est surprise. Entre le lord et les tenanciers, ni morgue, ni froideur: le fermier reçu à certains jours à la table du maître, un mélange continuel de devoirs publics et d'obligations privées, un patronage exercé sous toutes les formes et faisant du seigneur l'intermédiaire et le défenseur du paysan. Ce n'est pas seulement parce que le lord est juge de paix du comté, membre de l'une ou l'autre Chambre. Ceci est du domaine politique et nous n'y entrons pas. C'est comme propriétaire foncier qu'il remplit toute une série de devoirs sociaux librement acceptés par lui. Allez plus haut : lisez la vie du prince Albert et voyez les innombrables charges dont il s'acquittait; de nos jours il suffit de suivre les journaux anglais : en une semaine j'ai compté quatre discours du prince de Galles pour des œuvres sociales et philanthropiques privées. Voilà comment l'hérédité de l'aristocratie ou de la royauté se défend.

Dans Londres, les associations populaires sont nombreuses. Il n'en est pas qui ne comptent à leur tête quelques-uns des grands noms de l'aristocratie. Après avoir vu cette action publique, à tous les degrés, le dernier des lords imitant l'héritier du trône, qui pourrait s'étonner de la fierté reconnaissante avec laquelle les Anglais montrent aux étrangers le livre d'or du *peerage*? A côté des titres, des armoiries et des châteaux, tout Anglais saurait dire a liste des bienfaits attachés au nom des deux cents familles qui gouvernent l'Angleterre. Un parti conservateur ne peut exister là où n'éclate pas la reconnaissance publique.

En France, nous attendons tout de l'État. Aussi bien au sommet de l'échelle qu'aux degrés les plus bas, la tendance est la même, le regard est tourné vers l'horizon pour voir si le pouvoir sauveur n'apparaît pas : les adversaires du radicalisme appellent une main de fer pour contenir la foule, tandis que les radicaux rêvent les chimères du socialisme d'État. Les uns et les autres mettent leur espérance dans les urnes électorales; ils s'agitent tout à l'entour, comme auprès des ruches, les frelons et les guêpes. L'intérêt des élections est l'unique but : députés pour leurs votes, candidats pour leur langage n'ont pas d'autre souci. Au delà de ce résultat immédiat, l'horizon est fermé.

Il faut sortir de ce tourbillon et voir au delà de la mêlée électorale : il s'agit de calculer les besoins vrais, les besoins matériels et moraux de ceux qui souffrent sans le dire. L'extension du suffrage est appelée à changer entièrement les conditions de la politique. De plus en plus, les questions sociales doivent prendre le pas sur toutes les autres. Il n'est pas un

pays où la réforme électorale, en multipliant
le nombre des électeurs, n'amène ce résultat.
L'influence d'une classe ou l'influence d'un
homme dépend uniquement des services qu'il
rend. Comprenons vaillamment les conditions
de cet état nouveau ; au lieu d'hésiter ou de
s'abstenir, qu'on aille au-devant des besoins,
non par les promesses aussi vaines que tar-
dives d'une circulaire, mais par une action
réfléchie et féconde ; que les classes élevées,
en se préparant à ce devoir, y mettent leur in-
telligence et leur volonté ; non seulement elles
accompliront un acte de bonne politique, mais
elles entreront pour elles-mêmes dans la voie de
la rénovation morale. Il faut avoir le courage
de le dire : notre situation politique est mau-
vaise ; nos mœurs sont plus malades encore.
L'inaction des classes riches les corrompt et les
perd. Presque partout où pénètre la fortune,
la paresse la suit, avec son cortège de dissi-
pation et de plaisir. L'exemple part d'en haut.
Le bruit des fêtes mondaines, plus ou moins
étranges, répercuté par la presse, s'étend d'écho
en écho jusqu'aux plus modestes familles. Au
xviiie siècle, on ne savait que rarement aux
extrémités de la France ce qui se passait à
Paris ou à Versailles. Aujourd'hui, dans le der-

nier village, on lit le récit détaillé d'une fête et la peinture d'un luxe sans mesure. Ces comptes rendus malsains y portent un appétit de jouissance que nous ne mesurons pas, la loi morale s'affaiblit de plus en plus dans l'esprit des enfants dénués d'instruction religieuse et, peu à peu, le besoin de luxe remplace le goût du travail.

Ce sont là de dures vérités qu'il faut entendre et qu'on ne doit pas se lasser de répéter. Beaucoup s'indigneront et préféreront employer leur temps à souhaiter, comme les partis extrêmes, une prompte révolution. Pour nous qui croyons fermement que le mal date de très loin, qui en avons observé les symptômes précurseurs à plus d'une époque de notre histoire, nous désirons une réforme à longue portée, nous appelons de tous nos vœux un de ces efforts courageux, un de ces élans de la volonté qui groupe les forces, réhabilite par le travail et le dévouement cette classe élevée, instruite et honnête, qui pourrait être féconde pour le bien et demeure volontairement stérile.

Combattons le socialisme en agissant par l'initiative individuelle plus et mieux que lui ; restaurons la vie de famille, les mœurs et les vertus du foyer en donnant à l'ouvrier une habitation saine et morale; suivons ses besoins, organisons pour lui des ressources et des appuis, facilitons ses créations sans les lui imposer; n'absorbons pas sa liberté et n'intervenons que pour donner une force à sa faiblesse. Surtout n'exigeons pas sa reconnaissance, attendons-nous à rencontrer beaucoup d'ingrats, beaucoup d'adversaires, une foule d'insouciants; mais qu'on se souvienne que dans cette entreprise, il n'est pas de petit effort, ni de résultat insignifiant, que le danger est extrême, qu'il n'y a pas une heure à perdre. Puisse-t-il être temps encore de faire une tentative d'apaisement et de réconciliation! de montrer à la classe ouvrière ce que peuvent accomplir pour elle ceux qui appartiennent aux anciennes classes dirigeantes et de jeter dans le plateau de nos destinées prochaines ce lest qui, dans notre orageuse traversée, peut seul assurer le salut!

LES LOGEMENTS D'OUVRIERS
A LONDRES

—

1850-1885

LES LOGEMENTS D'OUVRIERS

A LONDRES

1850-1888

I believe we ought to make
the home as happy and
comfortable as we can,
and to cultivate all the
homely feelings [1].

Les premières personnes qui, de 1841 à 1855,
ont parlé en Angleterre du logement des
ouvriers n'ont rencontré que le doute et l'incrédulité. L'œuvre était-elle possible? Où
trouverait-on des capitaux, des terrains bien
situés et à prix assez bas? Si on faisait une
expérience, n'était-elle pas illusoire? Si on
voulait produire quelque effet, il fallait des
millions. Sur le fond même du projet, on

1. « Je pense que nous devons rendre le *home* aussi sédui-
sant et commode que possible et développer par là tous les sen-
timents de famille. » — Sir Sidney Waterlow répondant au
marquis de Salisbury devant la Commission royale d'Enquête.
Question n° 11,982.

élevait des objections sérieuses : N'y avait-il
pas péril à réunir les ouvriers sur un même
point? Des logements satisfaisant à toutes les
exigences de l'hygiène ne seraient-ils pas trop
chers? Si le prix en était abaissé, ne ferait-
on pas une concurrence ruineuse à la propriété libre? On parlait d'actions à placer.
Quant à des dividendes, nul n'en toucherait.
On ne se faisait pas faute de répéter que la
charité, sous de généreux prétextes, allait
une fois de plus troubler les lois économiques.

A ces critiques, dirigées de toutes parts
contre l'entreprise de quelques hommes réso-
lus, les promoteurs des logements ouvriers ne
répondirent que par l'action, une action per-
sévérante, infatigable, qui se prolongea pendant des années. Le biographe du prince
Albert raconte quels sourires ironiques pro-
voquait la confiance du prince, lorsqu'il expo-
sait à ses amis le but à atteindre et les
moyens d'action [1].

Le jour où, dans le centre de Londres,
fut ouverte la première maison caserne, les
attaques, loin de se calmer, redoublèrent.

1. *Le Prince Albert*, traduction de M. Craven. (Plon, 1883),
t. II, p. 161.

Ce n'étaient plus seulement les capitalistes, les économistes qui protestaient : des rangs des ouvriers, une telle méfiance s'élevait contre les nouvelles constructions qu'il fut permis de croire l'œuvre aventurée. L'indépendance n'allait-elle pas être compromise dans ces maisons à étages superposés, si contraires aux mœurs anglaises ? Pourquoi réunir sous un même toit un si grand nombre de familles ? Le *home* résisterait-il à ce rapprochement ? Quel intérêt, d'ailleurs, pouvait animer les constructeurs ? Une pensée de surveillance ne se cachait-elle pas derrière l'œuvre elle-même ? Déjà on parlait de réglementations minutieuses et on assurait que, dans ces grandes maisons, la police exercerait une action occulte.

Quinze ans après, en 1866, l'œuvre commence à porter ses fruits. Si nous consultons la statistique des quatre principales sociétés fondées à Londres, nous comptons 843 logements occupés par 4,500 personnes.

Dès lors, l'expérience se fait sur une large échelle; les ouvriers comprennent les bienfaits de ces habitations salubres; les demandes de logements dépassent le nombre de locaux disponibles; en 1876, 6,300 logements sont occupés par 24,000 habitants. Enfin, en 1885, ces quatre Sociétés ont loué 15,000 logements à 70,000 personnes.

Le nombre des Compagnies qui se consacrent à cette œuvre s'étend sans cesse. Il n'est pas exagéré d'estimer à plus de 20,000 logements occupés par 100,000 habitants les résultats obtenus en 1885 grâce aux seules sociétés inspirées par un sentiment philanthropique.

Le capital de ces Sociétés s'élève à plus de cent millions. Les actionnaires touchent régulièrement un revenu de 5 0/0.

Dans leurs comptes annuels, les Compagnies m .tent leur amour-propre à montrer au public qu'en servant cet intérêt, il leur reste des sommes pour constituer une réserve. La réalité de ces dividendes est un fait d'une importance exceptionnnelle. Il écarte le reproche qu'adressent à l'œuvre tout entière les économistes justement soucieux de ne pas mêler la charité à l'œuvre sociale; il démontre que l'entreprise est viable, qu'elle n'est pas factice, qu'elle peut vivre par ses propres forces.

Ce succès devait avoir un autre résultat : en un pays où l'intérêt de l'argent est peu élevé, un placement qui rapporte 5 0/0 devait éveiller l'attention des spéculateurs. Il était raisonnable de penser qu'en diminuant les exigences de l'hygiène, en supprimant le luxe du confort, il serait facile de tirer de l'ouvrier 6 et 7 0/0. C'est ce que ne manquèrent pas de calculer une nuée de spéculateurs qui s'abattirent sur les plaines entourant Londres. Mesurer leur œuvre, dire exactement ce qu'il y a eu de maisons salubres, de logements à bon marché élevés par leurs soins est tout à fait irréalisable. Dans le nombre de ces villes sorties de terre depuis douze ans, il y a des habitations saines et une foule de maisons médiocres. Dresser une statistique est impossible.

Nous avons voulu voir de près ce qui a a été fait dans la plus grande agglomération humaine pour venir en aide à un besoin qui s'impose ; nous avons étudié l'action des sociétés de Londres. De loin, nous avions cru à des exagérations ; nous avions reçu des chiffres que nous n'avions pas osé énoncer. Sur place, nous avons vu l'œuvre, interrogé les promoteurs des entreprises, ceux qui ont été les ouvriers de la première heure et qui, aujourd'hui, chargés d'années, sont entourés du respect public, nous avons écouté les membres de la commission royale [1], recueilli de leur bouche les critiques et les comptes rendus. Ce qui va suivre, sous une forme technique et assez aride, n'est que le résumé de conversations qui valent mieux que tous les discours, puisqu'elles résument le fruit d'une expérience de trente années.

[1]. Nous avons parlé plus haut (p. 49 et 50) de la Commission d'enquête et des conditions dans lesquelles elle a été nommée. Sir Charles Dilke la préside. Le Prince de Galles, le cardinal Manning, le marquis de Salisbury, sir Richard Cross, M. Goschen en sont les principaux membres. Elle a entendu les hommes les plus compétents et le 8 mai 1885 elle a présenté à la Reine et déposé sur le bureau des Chambres son premier rapport.

§ 1.

De tout temps, on a cité la misère de Londres et on a considéré qu'elle défiait toute description [1]. L'accroissement incroyable de la ville n'a pas été depuis un quart de siècle l'unique cause de l'encombrement.

Les chemins de fer de Londres, en ouvrant au centre de vastes gares, ont produit un bouleversement plus grand encore que les travaux qui ont embelli et assaini Paris il y a vingt-cinq ans. La population ouvrière refoulée

1. L'habitation du pauvre, dans les quartiers pauvres de Londres est plus sordide que celle du pauvre de Paris ; sous l'action de la misère, l'écrasement est plus complet, le visage humain plus altéré, la chute plus profonde : il y a un état de découragement chez les parents et de pâleur maladive chez les enfants qui est plus rare à Paris.

s'est entassée dans les rues et les ruelles voisines où lui ont fait défaut à la fois l'air et la lumière. Il en est résulté des amoncellements hideux. Je ne parlerai pas des lois sans nombre votées par le Parlement pour introduire dans la législation, sans l'avouer, l'expropriation pour cause d'utilité publique, tant étaient vives les répugnances des propriétaires anglais contre la dépossession.

Aujourd'hui, l'expropriation existe et elle sert à faire disparaître dans le centre de Londres les réduits infects, les allées, les rues étroites et les impasses où sont venues se réfugier et s'entasser les familles les plus pauvres. Hors de la vieille Cité, l'administration est divisée en 37 paroisses dont l'indépendance absolue est un des vices les plus sensibles de l'organisation de la métropole. Chaque assemblée de paroisses a ses coutumes, ses traditions, ses préjugés; elle fait appliquer avec soin ou avec négligence les lois de salubrité. Chacune de ces administrations locales dispose d'un ou de plusieurs médecins inspecteurs.

Lorsque ces fonctionnaires accomplissent dignement leur devoir, ils parcourent les quartiers, pénètrent dans les maisons, vérifient le cube d'air, prescrivent les travaux d'assainissement, et rendent compte au conseil local de la salubrité publique et des résistances qu'ils rencontrent. Les inspecteurs peuvent déclarer un îlot de maisons insalubre et en quelque sorte le condamner. Alors s'ouvre une longue procédure dans laquelle la paroisse poursuit l'expropriation devant l'autorité supérieure (*Metropolitan Board of Works*). Lorsqu'elle l'a obtenue et que l'îlot est détruit, le terrain est mis en vente.

C'est alors qu'interviennent les sociétés de construction. Elles acquièrent le terrain et elles font élever ces grandes maisons-casernes, constructions modèles qui valent la peine de nous arrêter un instant.

S'il existait à Londres seulement quelques types de ces vastes maisons, il faudrait encore en étudier les combinaisons; mais il en a été élevé près de cent. Les quatre grandes sociétés en ont construit pour leur part 72, contenant plus de 10,000 logements et abritant 50,000 âmes.

Les premières maisons donnèrent lieu à des tâtonnements : puis les expériences se firent ; on abandonna certaines dispositions, et, depuis 1863, le plan général n'a pas subi de modifications sensibles.

Lorsqu'on sortant des rues enfumées, des allées où l'eau séjourne, des trottoirs encombrés d'enfants à la mine maladive, on longe un grand bâtiment aux lignes régulières, séparé par une grille de la voie publique, l'étranger croit qu'il passe auprès d'un collège ou d'une construction élevée pour une administration publique. A l'angle de la prochaine rue, la grille s'interrompt et, entre deux corps de bâtiments, plusieurs marches donnent accès dans une large cour intérieure, dont le sol est d'environ un mètre plus élevé que la voie publique. Quatre corps de bâtiments isolés laissent passer abondamment l'air et la lumière dans cette vaste cour bitumée où de nombreuses bandes d'enfants peuvent être laissés libres en pleine sécurité. La superficie de cette cour représente les deux tiers du terrain occupé par le groupe.

Plusieurs escaliers desservent les cinq étages élevés au-dessus du rez-de-chaussée. La construction est faite en une sorte de béton aggloméré, avec des solives en fer, de telle sorte que le danger d'incendie n'existe pas. Dans les escaliers il n'entre pas un morceau de bois; de larges baies, sans fenêtres, laissent passer le jour à chaque étage sur les paliers qui, le soir, sont éclairés au gaz jusqu'à onze heures. Nulle inscription, nulle tache sur les murs, nulle ordure malsaine; l'eau en abondance permet de laver entièrement la maison, les corridors et les marches.

On est parvenu à maintenir dans ces grandes habitations l'ordre et l'hygiène, à l'aide d'une série de précautions qui doivent être rapportées : les escaliers en pierre sont aérés par des ouvertures si larges qu'ils semblent moins une dépendance intérieure qu'une prolongation de la voie publique ; les corridors sombres sont proscrits et quand il faut créer un dégagement de plusieurs logements, une large galerie ouverte, sorte de balcon couvert, permet de circuler à tous les étages comme au rez-de-chaussée sur le trottoir qui borde la maison. Cette disposition écarte toute une série de périls résultant des corridors sombres et des escaliers noirs, aussi dangereux pour l'hygiène que pour la moralité. Les architectes en ont tiré un autre avantage : chaque logement débouche directement sur la galerie ou sur le palier et de la sorte le locataire voit sur une porte en pleine lumière le numéro qui lui indique sa demeure. Grâce aux numéros inscrits comme dans les rues mêmes de Londres, il peut se croire dans une habitation séparée et rien ne lui rappelle une communauté contraire aux mœurs anglaises.

La répugnance des premiers temps a fait place à une faveur marquée. L'étage supérieur lui-même dans ces maisons à cinq étages se loue aisément : les locataires y trouvent plus de calme, un excellent air et parfois la jouissance des toits qui forment des terrasses.

A part un petit nombre de chambres isolées pour les veufs ou les célibataires, tous les logements comprennent soit deux, soit trois chambres, auxquelles est toujours jointe une pièce servant de débarras et de lavoir, de cuisine (scullery).

Sur chaque palier, on compte six ou huit portes fermant le logement qui constitue un ensemble indépendant. Tantôt un water-closet est affecté à deux logements et situé au fond du palier avec de grandes ouvertures aérées sur la rue, tantôt il se trouve dans l'intérieur de chaque logement. Une salle de buanderie dans laquelle le linge est étendu, sert à tour de rôle aux locataires du palier. Aucun locataire ne peut laver chez lui, ni étendre le linge aux fenêtres.

Il est très facile de voir extérieurement
un de ces groupes. Le surintendant, sorte
de gérant qui en a la garde et qui est fort
respecté des locataires, vous montre la cour,
les bains, les escaliers, les paliers, les salles
de buanderie ; il ne se lasse pas de vous décrire le mode de construction, la tenue générale des bâtiments, qui doivent être balayés
chaque matin avant dix heures et lavés chaque
samedi ; il vous parle du nombre d'enfants
auxquels il est défendu de jouer dans les escaliers, sur les paliers et dans les buanderies,
de l'interdiction d'avoir des chiens, et de la
faible mortalité, mais si vous lui demandez de
visiter un logement, il se trouble, essaie de
changer de sujet ; devant votre insistance, il
se résigne, mais à contre-cœur. Il cherche s'il
n'aurait pas un logement vacant, mais tel est
le nombre des amateurs qu'il n'y en a jamais
de libre. Il faut donc frapper à la porte d'un
logement habité. « Nous n'aimons pas, dit-il,
déranger les habitants. Leur logement, est leur
home. Ils y sont indépendants. Hors le cas de
désordre ou l'intérêt de la sécurité publique,
nous n'avons pas le droit d'en franchir le
seuil. » Heureusement un médecin inspecteur
de la santé m'accompagne et lève toutes les

hésitations en arguant de son titre qui lui donne le droit de pénétrer partout. Le médecin se charge de frapper plusieurs fois, et nous voyons enfin la porte s'ouvrir : on parlemente, on explique notre but ; souvent la porte se referme. Lorsqu'enfin on parvient à entrer on trouve la femme seule avec les plus petits enfants: le mari travaille au dehors; les autres enfants sont à l'école ou jouent dans la cour. Une entrée fort étroite donne généralement sur deux chambres; quelquefois, une troisième chambre suit la pièce qui sert en même temps de salle à manger et de cuisine. La tenue de cette dernière pièce ne laisse rien à désirer; la chambre dans laquelle on ne pénètre qu'après de nouveaux pourparlers est d'un aspect plus douteux. La hauteur des étages est de 2^m,70 c.

La pièce principale, celle où le locataire reçoit, mange et vit a en général 3^{m}60 sur 3^{m}60 : quelquefois, une alcôve, close dans la journée, y est ménagée. Elle communique avec la chambre à coucher qui à 4 mètres sur 2 mètres.

Malgré le nombre considérable d'habitants agglomérés sur un même point, l'ordre est parfait. Le choix sévère des locataires exerce, il est vrai, l'influence la plus favorable. Dès qu'une demande est adressée à la Société une enquête est faite sur la conduite, le travail et la solvabilité. Les nombreuses familles sont toujours l'objet d'une préférence. A mérite égal, l'ouvrier gagnant le plus faible salaire est choisi. Ces enquêtes ont un tel poids que le fait de loger dans ces maisons a acquis la valeur d'un certificat et facilite le placement de l'ouvrier. Le surintendant de chaque groupe est généralement un ancien sous-officier, un constable en retraite qui apporte dans la direction de la maison un rigoureux esprit de discipline.

La moralité y est très bonne ; il se produit dans ces agglomérations une sorte d'esprit général ; tout locataire qui s'enivre, toute femme douteuse y sont montrés au doigt avant que le surintendant ait appliqué la clause formelle qui l'autorise à donner congé immédiat.

Le prix du logement qui est toujours fixé par semaine et payable chaque lundi matin varie

Pour une chambre { de 2ᶠ50 soit par an 130 »
{ à 3 75 — 195 »

| Pour deux chambres | de 3 75 soit par an 195 » |
| | à 6 80 — 357 50 |

| Pour trois chambres | de 5 » — 250 » |
| | à 10 » — 520 » |

Le salaire moyen du chef de famille en 1884 dans les maisons Peabody ressort au chiffre de 20 fr. 55 c. par semaine, tandis que la moyenne du loyer est de 5 fr. 85 c. par logement, soit de 2 fr. 65 c. par chambre.

La moyenne monte dans les autres maisons à 50 et 60 francs par semaine.

On calcule généralement que le loyer doit représenter le sixième du salaire du chef de famille, en d'autres termes que le salaire d'une journée doit payer le loyer de la semaine.

Les maisons-casernes donnent satisfaction à un besoin : l'ouvrier qui est occupé dans Londres, qui ne peut s'éloigner de son patron, le tailleur qui va chercher et rapporter le travail à des heures différentes, le gardien de police qui est de service deux fois par jour, le commis de magasin qui est libre le soir fort tard sont retenus dans le centre. Grâce à la proximité, la plupart des locataires habitant ces maisons rentrent à une heure pour dîner en famille. Parlez aux femmes de ménage, elles vous répondront que ce retour régulier du

mari vaut toutes les augmentations de loyers
et que le budget, allégé du cabaret ou de la
taverne, y gagne dans une proportion sensible [1].

1. Voyez sur les maisons-casernes, à l'*Appendice*, les no-
tices relatives 1° à l'Association métropolitaine; 2° à la donation Peabody; 3° à la Compagnie générale des logements perfectionnés. Page 137 à 171.

§ 2.

Malgré ces avantages, les Sociétés ont voulu faire mieux en créant loin du centre, en bon air, des petites maisons avec jardins. C'est le système de Mulhouse accommodé aux mœurs anglaises. Près de 5,000 petites maisons ont été élevées par deux Sociétés depuis douze ans.

C'est en 1874 que le premier grand parc a été ouvert, à peu de distance de Londres. Shaftesbury-park comprenait 1,200 maisons. Chaque maison a une cuisine, une laverie, un petit jardin sur le devant et une assez grande cour en arrière. Il existe cinq catégories, variant de prix suivant le nombre et la dimension des pièces. La première catégorie qui contient six pièces, représente un loyer annuel de 800 francs ; la dernière avec deux chambres et un petit salon vaut 390 francs par an.

Ces maisons sont occupées par des ouvriers gagnant de 7 à 10 francs par jour. C'est l'élite de la classe ouvrière : les typographes, les ébénistes, les mécaniciens, les commis, etc.

Dans les petites maisons qui entourent Londres, l'encombrement est le péril contre lequel luttent les Sociétés. Sur ce point il semble qu'elles aient manqué de fermeté. Les locataires ont voulu sous-louer, contrairement aux conventions ; en peu de temps le mal est devenu si général que les Sociétés se sont cru impuissantes à l'empêcher. Elles se bornent à donner congé quand le hasard ou une plainte leur permet de savoir qu'une maison recèle plus de deux familles. Il est vrai que presque toutes les maisons ont un espace suffisant pour l'établissement de deux cuisines et que chacune d'elles a un rez-de-chaussée et un premier. La division peut donc se faire, et grâce à ce partage des frais, le prix du loyer s'abaisse sensiblement.

Pour toutes les constructions hors de Londres, la question la plus grave est le prix du transport. L'établissement de trains à bon marché qui amènent les habitants des environs de la ville et les reconduisent le soir à 16 kilomètres, moyennant vingt centimes, ont assuré le succès de ces habitations ; mais jusqu'à présent ces abaissements de tarifs ne sont consentis que sur certaines lignes et pour deux ou trois trains partant avant 7 heures du matin et revenant après 4 heures du soir. Il y a des professions qui comportent d'autres besoins. Plusieurs Compagnies ont refusé d'établir des tarifs spéciaux. Telle est l'importance de cette question que du bon vouloir des Compagnies de chemins de fer dépend entièrement dans l'avenir l'échec ou le succès des Sociétés de construction.

On ne peut rien imaginer de plus soigné que ces petites maisons : dans le salon, des meubles arrangés avec goût, des livres sur la table, devant la fenêtre des plantes disposées dans une jardinière; on sent un intérieur vers lequel sont concentrées les affections d'une famille.

La Compagnie fait de grands efforts pour intéresser les familles à la bonne tenue des maisons et pour élever leur niveau moral. Au centre du terrain couvert de maisons, a été ménagée une salle dite *Hall* qui sert de lieu de réunion. Chaque dimanche le service religieux y est fait ; dans la semaine, elle sert de salle de concert, les habitants ont formé entre eux une société musicale qui s'assemble à jours fixes : des bals y ont été organisés. Tout auprès s'est formée une bibliothèque dans laquelle les habitants peuvent emprunter des livres ; il y a une petite salle de lecture où sont reçus cinq ou six journaux, une salle de billard qui est ouverte à certains jours, si les ressources ne permettent pas de tenir le gaz allumé chaque soir. Ce cercle, où les jeux de hasard et la consommation de liqueurs sont interdits, est un attrait de plus pour les habitants du parc. La Compagnie espère qu'avec le temps ces institutions naissantes deviendront le centre de la vie civique. (*Should become the centre of the civic life of the estate.*) Loin de craindre le développement de ces sociétés locales, les fondateurs les encouragent en louant les locaux à un prix insignifiant. A leurs yeux, c'est le seul moyen de combattre efficacement l'influence du cabaret. Une des clauses des statuts interdit à la compagnie de louer aucune maison ou boutique à destination de restaurant, taverne ou auberge où seraient débitées de la bière ou des liqueurs fortes. Jusqu'à présent, il n'a pas été accordé une seule dérogation à cette prohibition formelle.

L'entretien du petit jardin excite un intérêt très vif : je vois des petites serres construites avec habileté et qui abritent contre la gelée de belles plantes. J'apprends que des prix sont destinés à récompenser les jardins les mieux entretenus. Au mois de juin a lieu dans chaque parc une exposition annuelle de fleurs dont on raconte des merveilles. Telle est l'émulation des habitants qu'on cite un locataire d'une des plus petites maisons qui a remporté une médaille de bronze de la Société d'Horticulture.

Ainsi tout est dirigé vers un même but : élever la moralité des familles, occuper chacun de leurs membres, les distraire, leur créer des intérêts divers et éloigner d'eux les plaisirs corrupteurs.

Après avoir visité ces agglomérations nées d'hier où tout respire le travail, l'aisance et la vertu, on comprend ce qu'en disait, en 1874, lord Beaconsfield : « Je n'ai jamais dans ma vie éprouvé une plus vive surprise qu'en visitant cette ville élevée dans un désert. Je le reconnais avec vous : votre tentative a réussi et ce succès assure à la fois le triomphe des vertus morales et l'élévation progressive du peuple. J'ai toujours pensé que la meilleure garantie de la civilisation est le logement. C'est l'école de toutes les vertus domestiques. Car sans un intérieur agréable, l'exercice de ces vertus est impossible. Maintenant, je n'hésite pas à croire que ce grand mouvement s'étendra. Je le suis avec le plus vif intérêt, car la question est soumise sous diverses formes au Parlement et je ne doute pas que votre initiative n'ait fait avancer sensiblement la solution du problème » [1].

<hr>

1. Voyez sur les maisons aux environs de Londres, à l'Appendice, la notice consacrée à la Compagnie générale des logements d'ouvriers (*Artizans' Dwellings*), page 172.

Nous avons dit que les actionnaires touchaient 5 0/0. Les maisons Peabody échappent seules à cette obligation. M. Peabody, américain fixé à Londres où il est mort en 1869, a voulu faire une fondation sans précédents au profit des pauvres de la ville. Il a conçu la pensée de les loger tous dans des conditions économiques et salubres. Constituant un fonds de 12 millions et demi de francs, il a prescrit la construction de maisons-casernes dans le centre de Londres; les loyers sont d'environ 1/5 inférieurs au cours du quartier. Dix-huit groupes ont été élevés et sont occupés. Il en résulte un intérêt de 4 0/0 à l'aide duquel les fidéicommissaires chargés d'administrer ce fonds élèvent chaque année de nouvelles constructions. Si l'intérêt ne baissait pas, au centième anniversaire de la mort du généreux donateur, la dotation dépasserait deux milliards et logerait 350,000 familles. A part cette création de bienfaisance, toutes les sociétés sont fondées sur les principes commerciaux.

Les actions sont de 250 francs rapportant 12 fr. 50 c. C'est ainsi que le capital engagé dans les principales sociétés dépasse cent millions et que les actions se placent avec une telle facilité que, pour réaliser une économie sur le service des dividendes, certaines sociétés ont commencé à émettre depuis peu des actions dites « de préférence », dont les porteurs ne toucheront que 4 1/2.

Aussi ne trouve-t-on plus d'adversaires. Les critiques si vives, il y a trente ans, n'osent plus se produire. La démonstration est faite. Les logements à bon marché se multiplieront d'année en année, suivant une loi arithmétique. L'œuvre des hommes de bien qui y ont dévoué vingt ans de leur vie est terminée. La cause que plaidaient avec tant d'abnégation lord Shaftesbury et ses amis est aujourd'hui gagnée. Les bilans annuels ne permettent plus le doute.

§ 4.

Nous aurions voulu pousser plus loin notre
enquête et voir, dans les districts manufactu-
riers, au nord de l'Angleterre, l'effort des ouvriers pour construire eux-mêmes et devenir
propriétaires.

On dit que dans le Yorkshire et le Lan-
cashire ce mouvement existe.

A Londres, il est à peine sensible. Les ouvriers ne tiennent pas à acquérir, et les sociétés
sont loin de les pousser dans cette voie. Deux
d'entre elles s'y étaient engagées. Elles ont
reculé. Les conditions d'hygiène strictement
maintenues à l'égard du locataire étaient mé-
connues du jour où la propriété avait été trans-
férée sur sa tête. Les sous-locations amenaient

en peu de temps des encombrements déplorables : chaque chambre recélait bientôt une famille entière et l'œuvre de moralisation était compromise. Elles se sont maintenues, dans la voie où jusqu'alors elles avaient réussi. Le champ est assez vaste pour qu'elles se contentent de le cultiver.

La société anglaise a accompli la plus grande expérience qui ait été tentée pour le logement des ouvriers. Elle a étudié le problème sous toutes ses faces et elle l'a résolu. Sur un seul point, tous ceux que nous avons interrogés, déclarent qu'ils ont échoué. Ils ne sont pas parvenus, disent-ils, à atteindre les pauvres, à loger la dernière couche des indigents. Les membres de la commission royale dont nous avons successivement demandé l'opinion, nous ont tous fait cette remarque. « Nous arrivons à loger l'ouvrier laborieux, le père de famille honnête et travailleur, celui qui gagne 4 francs par jour, mais très rarement nous descendons au-dessous : la classe inférieure nous échappe ». Cette réflexion est, à notre sens, la preuve du succès de l'entreprise. C'est le père de famille laborieux dont il faut avant tout protéger le travail, assurer l'existence et garantir le foyer. C'est lui qu'il faut empêcher de tomber dans l'indigence en lui donnant un logement sain et à bon marché.

Un des administrateurs du fonds Peabody, interrogé par le marquis de Salisbury, sur les moyens de loger la classe la plus pauvre, lui répondit : " Nous n'avons aucun moyen de donner des chambres au-dessous de 2 fr. 50 c. par semaine. Celui qui gagne 2 fr. 50 c. par jour peut payer ce loyer. Quant à ceux dont le salaire est inférieur, cela regarde miss Octavia Hill. "

Tous ceux que nous avons questionnés nous ont prononcé ce nom, tous ont vanté les efforts heureux d'un zèle que rien n'a rebuté. Quelle est donc son œuvre ? quels moyens a-t-elle employés ? quel but poursuit-elle ! Le plus simple était d'aller la trouver : c'est une personne de petite taille, vive, alerte, parlant avec netteté ; elle semble fort surprise du bruit que fait son œuvre ; elle l'a commencée sur une petite échelle.

Vers 1865, elle achetait trois pauvres maisons dans une des cours les plus sales du quartier de Marylebone ; peu après, elle en acquérait six autres. Les escaliers étaient sombres et humides, les rampes avaient servi à faire du feu l'hiver précédent, les toits laissaient passer la pluie, les plafonds tombaient, les planchers étaient pourris, et, au milieu de tout cela, le propriétaire s'épuisait en menaces, n'obtenait que des acomptes et déclarait à l'acquéreur qu'il ne pouvait se faire payer des incorrigibles locataires entassés dans ces bouges. En quelques mois, la transformation fut complète. Miss Octavia Hill chassa ceux dont l'inconduite était notoire, retint les familles honnêtes, leur donna les chambres qu'elle faisait peu à peu assainir et réparer. Chaque lundi, elle venait elle-même toucher ses loyers : cette visite hebdomadaire lui permettait de s'intéresser aux familles, de s'occuper d'elles, de veiller sur les enfants, de donner des conseils et d'exercer sans intrusion une utile influence. Elle se montrait à la fois propriétaire inflexible, ne souffrant aucun arriéré, et protectrice pleine de bontés pour les ménages honnêtes et soucieux de la propreté. Les familles nombreuses ont dû prendre plusieurs chambres et un prix de faveur leur a été fait pour les engager à rentrer ainsi dans l'ordre.

Comme les grandes Sociétés dont nous venons de décrire les entreprises, Miss Octavia Hill a pu, malgré ses travaux de réparations, obtenir un intérêt de 5 0/0.

Ces résultats attirèrent l'attention publique. En France, il n'est guère de femmes qui ne visitent les pauvres ; à Londres, l'œuvre de Miss Octavia Hill était toute nouvelle. Elle excita la surprise et quand on eut reconnu qu'elle avait transformé les maisons, relevé l'esprit de famille, combattu les vices, fortifié et ranimé les vertus du foyer, beaucoup de femmes l'imitèrent, " Elle ne sait, dit-elle, combien de groupes se sont formés, mais elle croit que chaque quartier de Londres compte un certain nombre de femmes qui visitent chaque semaine les logements pauvres qu'elles ont améliorés. "

Ainsi l'œuvre commencée il y a vingt ans s'étend et prospère ; grâce à elle, les pauvres sont atteints et ce que ne peuvent faire les Sociétés de capitalistes est réalisé par quelques femmes animées de l'esprit de charité.

La Commission royale, chargée de faire une enquête approfondie sur le logement des pauvres, a présenté un tableau complet. Depuis le 4 mars 1884, elle a tenu plus de soixante-dix séances, examinant les faits, recueillant les témoignages et soumettant l'ensemble de la législation à l'épreuve des critiques les plus autorisées. Une telle masse de renseignements ne pouvait être négligée. J'y ai retrouvé la confirmation et le développement des conversations que j'avais recueillies. Tant d'indications précises, de faits et de chiffres n'auraient pu prendre place dans ce résumé. Le lecteur qui voudra pénétrer plus avant dans ce sujet trouvera plus loin des renseignements précis dans les notes spécialement consacrées aux principales Compagnies de construction.

Ce qui était utile, c'était de faire toucher du doigt l'œuvre accomplie depuis trente-cinq ans à Londres, de mesurer la portée de cette grande expérience et de voir comment une société, soucieuse de maintenir dans son sein la paix et le bon ordre, s'efforce de porter remède à ses maux, sans l'aide des communes et de l'État, par la seule force de l'épargne et de l'initiative privée.

CONCLUSION

Après avoir montré quel était, à notre sens,
le premier devoir social et indiqué à grands
traits ce qui avait été fait à l'étranger pour
les logements d'ouvriers, il nous resterait à
énumérer les efforts accomplis en France.
Mais l'œuvre serait considérable. Pour être
équitable envers tous, nous serions forcés de
dépasser les limites de cette étude. Il est peu
d'agglomérations industrielles, où les chefs
n'aient cherché à loger la population ouvrière
pour la fixer. C'est une pensée louable, mais
ce n'est pas exactement notre but. La maison
fournie par l'usine devient en quelque sorte
l'accessoire obligé du salaire. Tout ce que
l'ouvrier ne paie pas par un sacrifice spontané et personnel, lui semble l'acquit d'une

dette. Il ne s'attache pas à la maison qui lui est prêtée par son patron.

Tout autre est le sentiment qui naît dans la petite maison de Mulhouse. Nous aurions aimé à décrire ces douze cents maisons qui demeurent le type des habitations de famille. En parcourant la France, nous aurions pu suivre le mouvement qui a porté Lille, Sedan, Nancy, Amiens, Reims, Orléans, le Havre à suivre l'exemple parti de l'Alsace. Il aurait fallu étudier la constitution des sociétés, leur mécanisme, indiquer les résultats, voir comment on avait réuni les capitaux, vaincu la répugnance des ouvriers, mesurer les succès, expliquer les échecs, et tirer de ce tableau les éléments d'une complète expérience.

Cette vaste enquête dépassait la mesure du temps dont nous disposions. D'autres l'ont commencée[1]. Elle devra être reprise et achevée. Aucune information ne doit manquer au dossier. Nous avons voulu y ajouter un élément nouveau, notre prétention n'a point été d'en écrire le dernier feuillet.

1. M. Émile Müller, professeur à l'Ecole centrale, auquel revient l'honneur d'avoir construit les 1,200 maisons de Mulhouse et M. Emile Cacheux ont publié un ouvrage plein de renseignements précieux, avec plans et figures, qui a obtenu une médaille d'or à l'Exposition de 1878. (Paris. Dejey, 1879.)

Ceux qui ont la liberté de leur temps, qui trouvent les journées vides et les heures longues devront entrer dans cette voie. Qu'ils se réunissent et mettent en commun leurs investigations ; que les plus hardis aillent en Belgique, en Allemagne ou en Italie, refaire, le crayon à la main, les calculs de M. Lavollée, qu'ils se rendent à Londres contrôler mes observations, qu'ils poussent jusqu'à Birmingham, à Manchester et à Glascow comme j'aurais voulu le faire ; que d'autres parcourent la France et interrogent ceux dont l'initiative a fondé des sociétés, qu'ils aillent voir les habitants des maisons, qu'ils observent leur état matériel et moral ; que les plus sédentaires ne se croient pas affranchis de tout devoir, ni de tout moyen d'études. A Paris, où l'effort a été si faible, il y a encore beaucoup à examiner : si, pour les petites maisons, la Société d'Auteuil est presque seule, si après elle on ne peut noter que les constructions de M. Cacheux et celles de M. Jean Dollfus, qui n'a pas borné ses bienfaits à l'Alsace, il existe des maisons à étages qui méritent les visites et l'étude : les 85 maisons élevées par le comte de Madre et dans lesquelles sont logés 7,000 habitants, les Immeubles industriels, les maisons de Clichy-la-Garenne, de l'avenue Daumesnil ou de la route de Charenton devront appeler l'examen et la comparaison.

Il y a peu de questions qui se prêtent mieux à une enquête. Il faut réunir les faits, multiplier les observations, préparer, par une étude attentive, les solutions les plus pratiques.

Combien d'esprits distingués, sortis des rangs de la magistrature ou de l'administration, sont en ce moment à la poursuite d'objets d'études! Voulant occuper leur temps, aborder des recherches nouvelles pour eux, ils craignent de ne pas avoir les préparations nécessaires. Il suffit ici d'aimer son pays et d'avoir l'ambition de se dévouer. Tous ceux qui se sont occupés de ces questions, en France aussi bien qu'à l'étranger, se sont passionnés pour elles. C'est le privilège singulier de ces études d'attirer et de retenir. Elles montrent les ressorts de la Société, en dévoilent les mystérieux secrets, nous font voir, en lutte pour le bien ou le mal, tous les éléments qui la constituent. Tandis que le point à examiner est nettement limité, les observations à recueillir s'appliquent à tout. Les curiosités de l'esprit le plus actif peuvent y trouver leur satisfaction ; il n'est pas une des questions de notre temps qui ne se rattache à ce problème.

L'enquête sera donc faite, il n'est pas permis d'en douter. Elle sera le point de départ d'une action. Le devoir s'imposera et il se formera, pour cet objet spécial, un groupe résolu à multiplier autour des villes les habitations saines où peuvent se développer librement au grand profit de la patrie et au milieu de nombreuses familles, les vertus du foyer domestique.

APPENDICE

I

ASSOCIATION MÉTROPOLITAINE

POUR L'AMÉLIORATION DU LOGEMENT DES CLASSES OUVRIÈRES

1845

Le 15 septembre 1841, une réunion jetait les bases d'une association destinée à élever des maisons et à loger des familles d'ouvriers moyennant un faible loyer perçu par semaine.

Les promoteurs ayant pensé qu'il était absolument nécessaire que les ressources de l'œuvre ne fussent pas demandées à la charité, quatre années s'écoulèrent avant que le capital de 500,000 francs eût été atteint. Il avait fallu vaincre bien des préjugés, secouer la torpeur, agir par la plume, par la parole pour réveiller l'indifférence publique. Enfin on y était parvenu : l'opinion se tournait peu à peu vers ces questions. En 1845, la Société, soutenue par sir

8.

Robert Peel, obtint, suivant les lois anglaises, sa charte d'incorporation, et, le 14 juillet 1848, le prince Albert visitait la première maison construite par l'*Association métropolitaine pour l'amélioration des logements des classes ouvrières.*

Le capital primitif était de 2 millions et demi. Il fut consacré à construire dans le cœur de Londres huit groupes de maisons comprenant 1,020 chambres et offrant un logement sain à 437 familles qui payaient de 4 fr. 30 c. à 10 francs par semaine.

Vers 1863, l'Association doubla son capital. Elle voulut tenter au dehors de Londres ce qui avait si bien réussi dans le centre. A 11 kilomètres de la ville, à Beckenham, la Société construisit 108 cottages isolés, avec cinq ou six chambres et un jardin, qu'elle loua de 8 fr. 75 c. à 10 francs par semaine.

En même temps, de nouvelles maisons à étages étaient élevées dans Londres. De 1863 à 1884, six groupes étaient construits, contenant 1,900 chambres et logeant 671 familles pour une somme qui variait de 3 fr. 10 c. à 10 francs par semaine.

Nous avons longuement interrogé M. Gatliff, qui a été depuis 43 ans le secrétaire et l'âme de l'Association ; son expérience est donc considérable : il a étudié dans les moindres détails les conditions de la vie dans les classes industrielles, a examiné le caractère et les besoins des locataires, a comparé avec un soin particulier l'existence de l'ouvrier habitant à Londres ou dans les environs. Dans toutes les enquêtes parlementaires, on a jugé nécessaire de l'entendre et de recueillir le fruit de ses observations.

Les grandes maisons dans le centre de Londres ont été bâties sous l'influence d'un double besoin. Dans les quartiers du centre, dans les ruelles, où ne pénétraient ni l'air, ni la lumière, les logements pauvres étaient entassés : il fallait les dégager. Les chemins de fer en entrant hardiment dans le centre de la ville, détruisirent un grand nombre de ces vieilles et sordides demeures où régnait la misère. De ce fait, en apparence heureux, résulta un refoulement qui redoubla le mal. L'entassement devint plus hideux qu'auparavant. Les ouvriers refusaient évidemment de quitter les quartiers où ils avaient vécu. Alors naquit la pensée de construire de grandes maisons dans lesquelles, à l'exemple des abeilles dans une ruche, chaque famille habiterait deux ou trois cellules. Avec des mesures sévères, une surveillance exacte, on arriverait peut-être à maintenir dans ces grandes habitations l'ordre et l'hygiène.

Nous avons parlé plus haut (page 106 et 107) des escaliers de pierre ouverts à tous les vents, qui semblent une prolongation de la voie publique, des corridors sombres absolument proscrits, des balcons ouverts, enfin de la porte de chaque logement imitant celle des maisons de Londres et donnant au locataire l'apparence d'une maison indépendante et isolée.

Grâce à ces précautions, la répugnance des premiers temps a fait place à une faveur marquée. L'étage supérieur lui-même, dans ces maisons à cinq étages, se loue aisément : les locataires y trouvent plus de calme, un excellent air et parfois la jouissance des toits bitumés qui forment des terrasses.

A part un petit nombre de chambres isolées pour les veufs ou les célibataires, tous les logements comprennent soit deux, soit trois chambres, auxquelles est toujours jointe une pièce servant de débarras, de lavoir et de cuisine.

La pièce principale, celle où le locataire reçoit, mange et vit, a en général 3^m00 sur 3^m60 : une alcôve, close dans la journée, y est ménagée. Elle communique avec la chambre à coucher qui a 4 mètres sur 2 mètres. Le garde-manger, le lavoir, le water-closet, avec trois ouvertures d'aération spéciale viennent s'ajouter partout aux deux ou trois chambres pour les compléter, suivant un plan très varié. Le groupe de Farringdon acheté en 1874 est un des plus curieux à visiter : il contient 264 familles, comprenant 1,300 individus, divisés en cinq bâtiments isolés, au milieu desquels sont ménagées plusieurs cours spacieuses [1].

Dans chaque corps de bâtiments il existe deux escaliers et à chaque étage il y a huit logements. Comme le nombre des étages est de cinq, chaque

---

1. Le terrain est loué par bail de 99 ans (*leasehold*) moyennant 5 fr. 50 c. par mètre et par an.

bâtiment se trouve contenir quarante habitations séparées.

Malgré ce nombre considérable d'habitants agglomérés sur un même point, l'ordre est parfait. Le choix sévère des locataires exerce, il est vrai, l'influence la plus favorable. Dès qu'une demande est adressée à la Société une enquête est faite sur la conduite, le travail et la solvabilité. Les nombreuses familles, si souvent repoussées par ceux qui logent .es familles d'ouvriers, sont toujours l'objet d'une préférence. Le surintendant de chaque groupe est généralement un ancien sous-officier, un constable en retraite qui apporte dans la direction de la maison un esprit de discipline aussi ferme que discret.

La tenue extérieure, la propreté rigoureuse des escaliers, des paliers et des cours sont exigées; mais au seuil du logement, expire l'autorité du surintendant. Hors la dégradation des murs et du plancher, une menace d'incendie ou quelque fait de nature à troubler la sécurité publique, je ne sais ce qui pourrait autoriser le surintendant à pénétrer dans l'habitation.

Le prix varie suivant le nombre de pièces, l'étage, l'exposition, le quartier de Londres. Pour une seule chambre avec cuisine, le prix le plus élevé est de 450 francs, à proximité de Piccadily, et le plus bas est de 160 francs, près du pont de Chelsea. Les écarts sont aussi sensibles pour les logements de 2 et de 3 chambres qui varient de 260 à 580 francs.

Le loyer se paie par semaine, tous les lundis. Les retards sont peu considérables et depuis trois ans, sur 1,600,000 francs de loyers dus, la perte réalisée par la Société n'a été que de 1,450 francs.

A côté de ces maisons qui ressemblent à de vastes casernes, la Société a fait l'expérience des cottages détachés, aux environs de Londres, contenant 5 ou 6 pièces et loués moyennant 450 à 520 francs. M. Gatliff pense que, si l'on se garde d'élever des groupes trop nombreux (il n'a pas voulu bâtir plus de 168 maisons sur le même point) le succès est certain. Le terrain consacré à chaque cottage est de 80 mètres superficiels : les locataires cultivent quelques légumes et les fleurs qui figurent au mois de mai dans une exposition annuelle. Ils paient jusqu'ici le trajet en chemin de fer 2 fr. 50 c. par semaine, prix élevé qui aurait dû nuire au succès des cottages et qui n'a pas empêché des familles ouvrières de s'y établir. La Société refuse de louer aux ouvriers de la campagne et ne loue qu'aux ouvriers travaillant à Londres. Parmi le peuple, le courant qui entraine vers les environs est très marqué ; les maisons isolées plaisent aux ouvriers, les locataires qui en ont fait l'expérience y demeurent très fidèles.

Aussi les habitants des Alexandra Cottages appartiennent-ils à une classe d'ouvriers très respectable. Depuis que la Société les a fait construire, elle a pu observer une influence progressive du logement sur les mœurs du locataire ; M. Gatliff n'hésite pas à croire que l'existence en dehors de la ville, à proximité d'un jardin, en bon air, fortifie le corps et relève l'âme. Il est partisan du système des cottages et en souhaite l'extension.

Les directeurs de la Société, en contact journalier avec l'encombrement de la ville de Londres, préfèrent le système des maisons-casernes. Ils veulent construire pour le peuple, à proximité des lieux où il travaille, au cœur de la ville, afin que l'ouvrier puisse revenir au milieu de la journée dîner avec sa femme, au lieu de courir les cabarets. On cite, par exemple, les ouvriers tailleurs qui prennent de l'ouvrage et le rapportent chez les patrons de Regents' street. S'ils habitaient la campagne, ils risqueraient de perdre les commandes et seraient forcés de se nourrir dans les tavernes.

Les constructions hors de Londres sont sensiblement moins chères que dans la ville. M. Gatliff estime qu'en 1849, une chambre, à Londres, revenait à 1,025 francs, que cette même chambre coûtait en 1860, 1,825 francs, tandis qu'à Beckenham, une chambre des Alexandra-Cottages construite à cette dernière époque ne valait que 850 francs.

Le terrain n'est pas compris dans ce calcul. Tantôt il est loué à très longs termes *(leasehold)* moyennant une redevance annuelle, tantôt vendu *(freehold)* moyennant un capital versé sur le champ ou par fractions. Le prix du terrain acheté par la Société oscille entre 20 francs le mètre et 165 francs. Ce dernier cours est tenu pour le taux maximum que puisse supporter le budget de la Société. Il a été atteint dans les environs de Regent's street et de Piccadilly[1].

La préoccupation constante de la Société est le revenu des capitaux engagés. Les fondateurs avaient pour but de prouver que le logement des ouvriers était une entreprise rémunératrice. Dans les premiers temps, l'étendue des travaux, les dépenses stériles de constructions en cours rendaient impossible la distribution d'un dividende convenable. Mais comme chaque grouper apportait de 4 3/4 à 6 1/2 pour cent les esprits prévoyants ne doutaient pas qu'au moment où tout serait achevé, les profits apparaîtraient[2].

En effet, depuis 1874, les 5 0/0 ont été distribués. Ce chiffre aurait été dépassé, si les statuts n'avaient fixé à cinq pour cent la limite maximum

---

1. A Londres, le prix du terrain (vendu en freehold) subit des écarts bien plus considérables qu'à Paris. On se plaît à citer des terrains de la Cité entre la Banque et la Bourse qui ont été vendus entre 12 et 16,000 francs le mètre. Dans le Strand, le prix moyen est de 1,700; dans le West-End de 500. Mais ce sont là des prix de façade sur les grandes voies; dans les rues qui servent de dégagement, la valeur tombe dans des proportions sensibles. De là, les prix très bas que nous citons plus haut.

2. Nous avons sous les yeux des notes recueillies par un français en 1860 sur cette Société dans lesquelles il faisait ressortir l'échec d'une association qui, après avoir promis un intérêt rémunérateur, ne pouvait distribuer plus de 2 0/0.

des dividendes. C'est ainsi que le capital de réserve
s'est accru, en 1882, de 9,900, en 1883, de 24,750,
en 1884, de 13,200, formant depuis l'origine un
fonds total de 375,000 francs [1]. Le revenu net des
dernières années a donc varié entre 5 1/4 et 5 1/2.

Aussi ne doit-on pas être surpris que les actions
soient d'un dixième au-dessus du pair.

En résumé, le nombre des groupes construits est
de quatorze comprenant 1,257 logements et abritant
une population de 6,000 individus. Le revenu brut
est de 537,000 francs, soit de 430 francs en moyenne
par logement. Il faut en déduire :

Le loyer du terrain et l'amortissement.	40.000 fr.
Les impositions	73.200
Eaux.	17.000
Gaz	5.000
Réparations.	52.000
Gages des surveillants et gérants de chaque groupe.	22.000
Assurances	2.000
Administration centrale.	30.000
	241.200
Faisant ressortir un revenu net de.	295.800 fr.

___

1. A cette réserve, il faut ajouter l'amortissement des emprunts. La Société a emprunté à la caisse des travaux publics
moyennant 4 0/0 (Public Works Loan Commissioners) 1,325,000
francs, sur lesquels elle a remboursé par annuités 189,185 francs.
Elle sert également les intérêts d'un emprunt de 500,000 francs
à la marquise de Westminster.

D'autre part le capital actions étant
    de 4,250,000, le dividende est de   212.500 fr.
La mise en réserve. 13.000
L'intérêt des emprunts 70.300
                                      295.800 fr.

Ces chiffres extraits des comptes rendus annuels et notamment de celui de juin 1884, attestent la prospérité d'une Société qui a eu l'honneur d'ouvrir la voie.

II

DONATION PEABODY

1862

En 1862, de nouvelles ressources allaient permettre de tenter de bien autres efforts. Un Américain, qui avait doté la ville de Baltimore d'institutions considérables, donnait une somme de 150,000 livres (3,750,000 francs) pour améliorer la condition des pauvres dans la ville de Londres qu'il habitait depuis vingt-cinq ans. Un comité de cinq personnes désignées par le donateur s'assemblait sur-le-champ. M. Peabody [1] avait exprimé le vœu que l'œuvre à

1. Cinquante ans avant la donation, un jeune commis entrant dans une maison de commerce des États-Unis avait fait vœu, si Dieu lui donnait la fortune, de consacrer ses biens au service des pauvres. En 1862, ce commis devenu puissamment riche, fondait plusieurs institutions dans le Massachusetts (à Danvers, son lieu de naissance, qui a pris depuis le nom de Peabody) et en même temps, il créait à Baltimore une série de fondations généreuses destinées à l'instruction supérieure. Des lettres qui viennent de m'arriver de Washington évaluent les donations faites en Amérique par M. Peabody à 11 millions de dollars (55 millions de francs).

créer ne fût pas seulement un bienfait pour ses contemporains, mais fût utile aux générations futures du peuple de Londres : il excluait toute idée de propagande religieuse ou politique, mais il entendait que l'institution, quelle qu'elle fût, profitât aux pauvres, en tenant compte de leur moralité et de leur conduite.

Les administrateurs du fonds Peabody, au premier rang desquels se trouvait lord Derby, examinèrent longuement l'œuvre à laquelle il convenait de s'arrêter. Ils écartèrent les hôpitaux, les hospices et les formes déjà connues de la bienfaisance et se décidèrent à créer, pour les ouvriers, des habitations conformes aux meilleurs principes de l'hygiène. Il s'agissait d'une fondation charitable : les administrateurs auraient pu faire payer une redevance très faible constituant une sorte de loyer fictif; ils auraient pu donner à titre gratuit des logements à des milliers de familles. Ils n'eurent garde de commettre une telle faute. Fidèles aux vrais principes de l'économie politique, ils résolurent de ne pas faire une concurrence ruineuse pour la propriété libre. Après avoir calculé l'intérêt légitime qui devait être tiré du capital employé, le prix des logements fut établi, non sur des chiffres arbitraires, mais afin de produire un revenu se rapprochant de celui des fonds publics anglais.

En février 1864, le premier groupe de bâtiments élevé à Spitalfields était achevé et occupé par 200 locataires. Peu après, le groupe d'Islington était ouvert. Ainsi deux ans à peine s'étaient écoulés depuis la première initiative et déjà 400 familles comptant plus de 2,000 personnes étaient logées dans des conditions d'hygiène et de moralité qui ne laissaient rien à souhaiter.

M. Peabody jugea que ces résultats dépassaient ses espérances. Le 29 janvier 1863, dans une lettre adressée aux *trustees*, il annonçait son intention de consacrer une somme de 100,000 livres à l'œuvre qui portait son nom : il prescrivait l'accumulation des intérêts jusqu'en juillet 1869, époque à laquelle le capital pourrait être employé. Il n'attendait pas l'expiration de cette période pour augmenter ses libéralités. Le 3 décembre 1868, il adressait aux *trustees* une nouvelle somme de 100,000 livres.

Enfin, le 4 novembre 1869, M. Peabody étant mort, les *trustees* apprirent que par un legs, une somme de 150,000 livres devait être ajoutée au capital disponible. En sept années, 500,000 livres (12 millions 500,000 francs) avaient été donnés par un particulier pour l'œuvre du logement des ouvriers de Londres.

Grâce à cette somme, accrue par une sage administration, dix-huit groupes de maisons [1] s'élevèrent

1. Aux conversations que nous avons eues avec le secrétaire de la donation, M. Crouch, nous avons ajouté la précieuse déposition de sir Curtis M. Lampson, ami particulier de M. Peabody, l'un des trustees, qui a été reçue par la commission royale, le 10 juin 1884, et qui ne contient pas moins de 372 réponses.

dans le centre aussi bien que dans les nouveaux quartiers de Londres, comprenant 4,551 logements séparés formant un ensemble de 10,144 chambres occupées par 18,453 personnes.

Chacun des groupes est composé de plusieurs corps de bâtiments le plus souvent isolés. A Londres, où les maisons sont moins élevées qu'à Paris, l'étranger est tout surpris de voir dans les quartiers les plus populeux, au milieu de vieilles masures noircies par le temps et par la fumée, une haute construction qu'il est tenté de prendre pour une caserne ou pour un hôpital. S'il monte les quelques marches qui le mènent jusqu'à la cour, il entre dans un vaste préau que dominent et entourent des corps de bâtiments de cinq et six étages.

Plusieurs escaliers desservent les cinq étages élevés au-dessus du rez-de-chaussée. La construction est faite en une sorte de béton aggloméré, avec des solives en fer, de telle sorte que le danger d'incendie n'existe pas. Dans les escaliers il n'entre pas un morceau de bois; de larges baies, sans fenêtres, laissent passer le jour à chaque étage sur les paliers qui, le soir, sont éclairés au gaz jusqu'à onze heures. Nulle inscription, nulle tache sur les murs, nulle ordure malsaine; l'eau en abondance permet de laver entièrement la maison, les corridors et les marches.

Sur le palier on compte six ou huit portes fermant chaque logement qui constitue un ensemble indépendant. Un water-closet est affecté à deux logements et situé au fond du palier avec de grandes ouvertures aérées sur la rue. Il en est de même d'une salle de buanderie qui sert à tour de rôle aux locataires du palier et dans laquelle le linge est étendu. Aucun locataire ne peut laver chez lui, ni étendre le linge aux fenêtres.

Le surintendant, sorte de gérant qui a la garde du groupe et qui est fort respecté des locataires, est chargé de faire observer le règlement qui est très libéral : la propreté, la décence et l'absence de bruit sont les conditions absolument exigées ; les bâtiments doivent être balayés chaque matin avant dix heures et lavés chaque samedi. Le nombre d'enfants est très considérable, mais il leur est défendu de jouer dans les escaliers, sur les paliers et dans les buanderies, aussi donnent-ils à la cour intérieure l'aspect d'un préau d'école primaire.

Lorsqu'on entre dans l'intérieur du logement, on trouve la femme seule avec les plus petits enfants ; le mari travaille au dehors ; les autres enfants sont à l'école ou jouent dans la cour. Une entrée fort étroite donne généralement sur deux chambres ; quelquefois, une troisième chambre suit la pièce qui sert en même temps de salle à manger et de cuisine. La hauteur des étages est de 2^m,70. La surface des chambres varie entre 10^m,80 et 13 mètres.

Partout nous avons rencontré le même système de chauffage ; au milieu de la cheminée, du charbon de terre retenu par une grille projette en avant la cha-

leur dans la chambre, chauffe de l'eau dans un réci-
pient qui occupe le côté gauche de la cheminée, pendant que le côté droit est occupé par une sorte de
petit four où se cuisent les aliments.

Les conditions de l'hygiène sont observées avec un
soin particulier dans ces maisons. A chaque étage,
l'eau est mise à discrétion à la portée des locataires
et des bains gratuits [1] existent dans chaque groupe.

La poussière et les ordures doivent être jetées dans
un orifice spécial disposé sur chaque palier et qui
communique avec de grands coffres fermés placés au
rez-de-chaussée et que des voitures de décharge viennent vider régulièrement.

Aucun locataire n'est admis, si tous les membres
de sa famille n'ont pas été vaccinés.

Dès qu'un cas de maladie se manifeste, le locataire
est tenu d'en donner avis, le médecin du district
aussitôt appelé vérifie si le malade peut être traité à
domicile; toute maladie contagieuse entraîne le transport à l'hôpital.

La comparaison avec la statistique sanitaire de
Londres donne les résultats suivants : les naissances
ont atteint 44.60 pour 1,000 ce qui dépasse de 10.93
les naissances de Londres. La mortalité des enfants
a été de 138.69 pour 1,000 naissances, ce qui est de
13.69 au-dessous de la mortalité infantile dans la
ville. Les décès comprenant ceux des locataires portés

---

1. Les bains sont très fréquentés, mais les locataires n'y trouvent que de l'eau froide.

aux hôpitaux ont été de 19.10 pour 1.000, inférieurs à ceux de Londres de 1.24.

De tels chiffres démontrent l'influence des logements sur la santé.

Le prix du logement qui est toujours fixé par semaine varie :

Pour une chambre	de 2 50 soit par an 130	»
	à 3 75 — 195	»
Pour deux chambres	de 3 75 — 195	»
	à 6 80 — 357 50	
Pour trois chambres	de 5 » — 250	»
	à 8 75 — 455	»

Le salaire moyen du chef de famille en 1884 ressort au chiffre de 29 fr. 55 c. par semaine, tandis que la moyenne du loyer est de 5 fr. 85 c. (292 fr. 50 c. par an) par logement, soit de 2 fr. 65 c. (136 fr. 65 c. par an) par chambre.

Les administrateurs du fonds Peabody accomplissent de louables efforts pour attirer la classe la plus humble parmi les travailleurs. Si l'on découvre, lors de l'enquête, que l'ouvrier demandant un logement gagne plus de 6 fr. 25 c. par jour, il est éconduit.

Voici la statistique des salaires gagnés par les chefs de famille en 1884 :

141 chefs de famille gagnaient au-dessous de   2 50[1]

294   —   —   3 10

129   —   —   3 65

1. On suppose que la femme ou les enfants gagnent de leur côté.

9.

446 chefs de famille gagnaient au-dessous de   4 15
680   —   —   5 20
499   —   —   6 25
118   —   au-dessus[1] de   6 25

Du rapprochement de ces chiffres, il est permis de mesurer à quelle classe s'adresse la donation Peabody. C'est bien le travailleur et non plus le contre-maître, l'employé, le commis qui est logé sainement, grâce à ces larges constructions dans le centre de Londres, à portée de l'ouvrage de sa journée, assez près de son travail pour pouvoir revenir à une heure prendre son principal repas.

La profession des locataires a été l'objet d'une statistique exacte : 551 journaliers, 242 couturières, 200 femmes de ménage, 274 constables, 484 porteurs, 128 imprimeurs, 111 tailleurs, 106 cochers, 84 relieurs, 97 facteurs, 99 emballeurs, 83 peintres, 54 menuisiers, tels sont les métiers dont le nombre est le plus important. On repousse absolument le commis et l'ouvrier aisé; à renseignements égaux on donne la préférence à l'ouvrier dont le salaire est trop faible pour lui permettre de se procurer ailleurs un logement sain.

La moralité y est très bonne; il se produit dans ces agglomérations une sorte d'esprit général; tout locataire qui s'enivre, toute femme douteuse y est montrée au doigt avant que le surintendant ait appliqué la clause formelle qui l'autorise à donner congé

---

1. Anciens locataires pauvres devenus plus aisés.

immédiat. Il en est résulté que peu à peu le fait d'habiter une maison Peabody a valu au regard des patrons un certificat de moralité.

La population qui habite les groupes Peabody semble heureuse et porte sur les physionomies un air de santé qui forme un contraste heureux avec les figures pâles et maladives des quartiers voisins. Au début, les préventions populaires avaient été vives; on se racontait qu'une surveillance très dure était imposée aux locataires, qu'on se trouvait sous le regard et la main de la police. Quand on a vu que les locataires étaient munis d'une clef, que chacun était libre de rentrer quand il lui convenait, que dans l'intérieur de son logement il était maître absolu et que son indépendance était complète, les préjugés sont tombés à ce point que lors de l'ouverture d'un des nouveaux groupes, la foule des locataires qui venaient s'inscrire a provoqué des accidents. Pour 200 logements, il y avait 600 personnes qui se pressaient à la porte du bureau d'inscription et on raconte que l'une d'elles a eu la jambe brisée.

A Londres, comme à Paris, la paie a lieu le samedi soir. C'est au lundi qu'est fixé le versement hebdomadaire du loyer entre les mains du surintendant. La semaine de loyer est payée d'avance. En principe, nul retard n'est souffert; en fait, la perception se fait avec humanité et l'expérience a prouvé qu'il y avait avantage à accorder de légers délais en des cas justifiés. La perte que subit la caisse par suite d'insolvabilité s'est montée à 999 francs pour 1,325,000 francs de loyers encaissés. Les saisies de mobilier ne sont pratiquées qu'en cas de fraude. Le congé, donné une semaine d'avance, est toujours obéi sans expulsion.

L'administration est très simple. Dans chaque groupe, un surintendant, qui reçoit 1,875 francs de traitement, a sous ses ordres deux ou trois portiers. Au bureau central, un secrétaire qui encaisse chaque mardi les recettes et un commis sous ses ordres, tel est le personnel permanent, auquel il faut ajouter un architecte et, suivant les cas, un homme de loi. Les dépenses de tous genres afférentes aux bureaux et frais de caisse n'atteignent pas 30,000 francs.

Les frais de construction ont varié : au début, le prix d'une chambre revenait à 2,300 francs. Grâce aux expériences faites, on arrive maintenant à 1,925 francs. En y ajoutant le prix du terrain, il faut majorer de 200 francs le prix de chaque chambre.

Les dernières acquisitions faites au Metropolitain Board ont eu lieu au prix de 68 fr. 75 c. le mètre, mais il est fort rare que le prix soit aussi peu élevé. Le maximum a été de 132 francs le mètre. Tous les terrains sont acquis en pleine propriété, à la suite d'expropriations. On calcule que le nombre des habitants chassés par l'expropriation et celui des habitants logés dans les nouvelles constructions se balancent presque exactement; mais la qualité des habitants est très différente : aux voleurs et aux pros-

tituées qui remplissaient des maisons sordides à deux
étages ont succédé des familles respectables dans
des habitations à cinq étages : à ne juger que la
proportion arithmétique, chaque individu a une fois
et demi plus d'air.

Quel est le revenu des capitaux de cette vaste entreprise ? Quoique l'œuvre soit essentiellement philanthropique et que les loyers, nous l'avons dit,
soient au-dessous du cours, nous ne pouvons négliger
ces données qui forment un élément précieux de
nos calculs [1].

La donation primitive était de. Fr.   12.500.000
Les accumulations de loyers, le sage
placement des réserves a produit. . .   8.925.000
Capital emprunté 8.850.000
                                      ____
                          Fr.   30.275.000

Le produit brut annuel est de 1,400,000 francs
en chiffres ronds. Les charges de contributions,
eau, gaz, gérance et réparations se montent environ
à 400,000 francs, ce qui a laissé libre en 1884 un
revenu net de 998,000 francs.

Sur cette somme le service des intérêts absorbe

1. Le bilan annuel de la donation est publié sous la forme
la plus précise. Ces comptes rendus moraux et financiers sont
un chef-d'œuvre de simplicité pratique. La donation Peabody
n'en a pas seule le mérite. Toutes les Sociétés ont adopté ce procédé de publicité qui met le plus ignorant au courant de leurs
opérations.

313,000 francs [1]. Il reste libre une somme de 685,000 francs qui est entièrement consacrée à amortir la dette qui pourra être éteinte en huit ans. Ainsi aucune construction nouvelle ne pourra être entreprise avant 1893.

Si, au lieu d'un donateur désintéressé, un dividende devait être distribué à des actionnaires, ceux-ci recevraient 3 1/3 pour 100 de leur mise ; mais les trustees ne considèrent pas leur mission comme une opération commerciale et ils se maintiennent à dessein à un niveau inférieur au cours, environ à 20 % au-dessous des loyers voisins.

Ces chiffres, rapprochés de l'intérêt des consolidés qui ne rapportent pas 3 0/0, démontrent que la part faite à l'hygiène dans les maisons Peabody n'empêcherait pas un propriétaire qui imiterait les trustees de tirer une rémunération légitime de ses capitaux [2].

En résumé, cette catégorie d'habitations a pu atteindre les familles des simples ouvriers. Si elle n'a pas touché le pauvre de la dernière classe, elle a peut-être fait mieux encore, en venant en aide à celui qu'une maladie, un chômage peut jeter tout d'un

1. 251,000 livres empruntées à 3 1/2 0/0 (taux de faveur) sont dues à la caisse des travaux publics, 90,000 livres à la maison Rothschild. L'intérêt annuel est de 12,530 livres (313,000 fr.).

2. Le bon marché de ces logements crée une concurrence contre laquelle protestent les autres Compagnies. Les enquêtes retentissent de leurs plaintes contre un taux fictif qui compromet, disent-elles, leurs opérations. Ces critiques sont exagérées puisque le bilan d'aucune société ne trahit un embarras.

coup dans la misère, malgré sa bonne conduite et
un travail persévérant. Quatre mille cinq cents familles sont logées, près de 20,000 personnes vivent
dans des habitations hygiéniques, grâce à une donation dont les bienfaits sont illimités. « L'espérance du donateur, est-il dit dans le testament du
31 mai 1869, est que, dans un siècle, les recettes
annuelles provenant des loyers auront atteint un tel
chiffre qu'il n'y aura pas dans Londres un seul
travailleur pauvre et laborieux qui ne puisse obtenir un logement confortable et salubre pour lui et
sa famille à un taux correspondant à son faible salaire. » Les vingt-deux premières années autorisent
à penser que cet espoir n'est pas entièrement chimérique. Lorsque la reconnaissance publique célèbrera
le centième anniversaire de la mort de M. Peabody,
la fondation qui portera son nom possédera peut-être
à Londres deux milliards d'immeubles, abritant
1,500,000 âmes distribuées en 350,000 logements.

I

SIR SIDNEY WATERLOW

1858

Vers la fin de 1858, un alderman de Londres, sir Sidney Waterlow, a fait construire, non loin de la Cité, sous le nom de Langbourn buildings, Finsbury square, cinq maisons qui marquaient un progrès sensible sur les premières tentatives. Elles attirèrent aussitôt l'attention publique. Les façades, peu régulières, présentaient des avant-corps, des saillies et des retraits d'un effet singulier : il semblait que l'architecte eût cherché des lignes originales, tandis qu'en réalité il avait voulu donner satisfaction aux besoins intérieurs. Cette disposition lui avait donné toute facilité pour varier les distributions.

Chaque maison a cinq étages : toute la construction était faite à l'aide d'une pierre artificielle de couleur grise composée de scories d'usine à gaz mélangées au ciment de Portland. L'emploi de ces matériaux permit de réaliser une économie de 20 0/0.

L'escalier communique avec la cour, sans portes, et chaque palier est aéré par une large baie. Au pied de l'escalier figure un tableau des noms des locataires avec les numéros des logements. A chaque étage quatre logements donnent sur le palier. Les grands logements ont trois chambres, les plus petits deux chambres, tous ont une laverie, une caisse à charbon, un évier, des plombs pour l'écoulement des eaux ménagères, des lieux d'aisances et un tuyau à poussière. Les grands logements valaient 7 fr. 90 c. par semaine, soit 411 francs par an et les petits 5 francs, soit 260 francs par an. Ces prix, d'un cinquième inférieurs au cours des loyers dans le quartier, attirèrent d'autant plus vivement les préférences des locataires que les conditions hygiéniques étaient très supérieures à celles des logements environnants.

Grâce au bon marché des constructions, sir Sidney Waterlow annonçait qu'il retirait de ses maisons un revenu net de 8 1/2 à 10 pour cent. Au moment où l'Association métropolitaine avait peine à donner un dividende de 2 1/2 0/0, la nouvelle était faite pour surprendre. Si le fait était vrai, le problème des logements d'ouvriers était résolu. Une Société se fonda pour appliquer sur une grande échelle les principes posés par sir Sidney Waterlow.

III

COMPAGNIE

DES LOGEMENTS PERFECTIONNÉS
1863

La Compagnie des Logements perfectionnés d'ouvriers *(The improved industrial dwellings company)* se forma en juin 1863 [1].

Un certain nombre de personnes, réunies à Mansion-House, s'appuyant sur l'expérience sérieuse de sir Sidney Waterlow, souscrivirent un capital de 1,250,000 francs. Le président fut d'abord lord Derby (qui portait alors le titre de lord Stanley) mais depuis 1865, sir Sidney Waterlow, le véritable initiateur de cette société, a été élu président.

Au début, la Compagnie eut à lutter contre les préjugés et le mauvais vouloir des ouvriers ; mais bientôt les plus intelligents comprirent quels bien-

1. Tous les détails qui suivent ont été recueillis dans des conversations avec M. Moore, secrétaire de la Compagnie, et dans les dépositions de sir Sidney Waterlow devant les commissions d'enquête.

faits leur réservaient ces créations et le capital originaire ne cessa de croître jusqu'à 12,500,000 francs. Si, à ce chiffre, on ajoute les emprunts, on verra que la Compagnie a été en mesure de dépenser plus de 23 millions.

Les fondateurs, tout en se proposant l'amélioration du sort des ouvriers, n'ont pas eu le dessein de faire une œuvre purement philanthropique, dans le sens ordinaire du terme. Ils ont pris pour principe que l'indépendance de ceux qu'ils logeraient ne pourrait pas être sauvegardée, et que les fonds nécessaires ne pourraient pas être recueillis, si un dividende rémunérateur n'était pas distribué aux actionnaires. La sagesse de cette règle a été clairement démontrée par la progression rapide de la Compagnie; tandis que les philanthropes versaient le capital, les locataires n'avaient en aucune mesure le sentiment qu'ils étaient les hôtes de la charité. Ils payaient régulièrement pour des logements sains, en bon air et respectables, le même loyer qu'ils avaient naguère l'habitude de verser pour une ou deux chambres étroites dans des maisons mal construites et malsaines.

Le second but que poursuivirent les fondateurs fut de créer des logements aussi séduisants que possible, afin que les locataires fussent amenés à être fiers de leur intérieur et à puiser dans leur habitation cette dignité, ce respect d'eux-mêmes qui est la base de tout progrès moral.

Aussi le caractère dominant des habitations créées par la Compagnie a-t-il été de ménager sous la clef du locataire une satisfaction à tous les besoins que d'autres sociétés de constructions ont mis en commun, telles que lavoirs, water-closets, dépendances diverses. La vie de famille en Angleterre se compose d'une série de coutumes intérieures que le luxe peut favoriser ; la Compagnie s'est proposée de donner aux ouvriers les mêmes jouissances sur une plus petite échelle en ne froissant aucun de ces usages.

En choisissant la situation des terrains, la Compagnie a fait de grands efforts pour se maintenir aussi près que possible des centres de travail, mais l'élévation des prix a rendu, d'année en année, cette recherche plus difficile. Pour l'ouvrier, la nécessité de loger près du lieu où il travaille est très grande ; outre l'économie de temps et de transport, il lui est avantageux de revenir prendre ses repas chez lui et de ne pas aller dîner au cabaret. De plus, il faut tenir compte des facilités qu'offrent pour l'alimentation les marchés du centre dont l'approvisionnement est plus abondant et les prix plus bas. Si le père de famille était le seul de la famille qui travaillât, l'éloignement serait un mal moins grave ; mais, si la femme, si les enfants gagnent à Londres quelque salaire, comment imaginer que tous puissent se transporter à grandes distances ? Il fallait donc que dans les quartiers les plus peuplés de la ville des habitations économiques fussent créées.

La constitution de la propriété en Angleterre opposait au choix de grands obstacles. La Compagnie rend hommage dans toutes ses publications aux grands propriétaires tels que le duc de Westminster, le marquis de Northampton, la baronne Burdett-Coutts et les commissaires des biens ecclésiastiques qui ont facilité l'acquisition de grands terrains. En pareils cas, la Compagnie n'achète que la possession pendant 99 ans (leasehold) moyennant une redevance annuelle qui varie entre 1 fr. 65 c. et 2 fr. 20 c. le mètre.

La loi sur les maisons d'ouvriers (*the Artizans'and Labourers' Dwellings improvement Act, 1875*) a permis d'assainir les quartiers les plus insalubres, mais elle avait laissé subsister trop d'obstacles pour que la Compagnie pût acheter des terrains ; depuis les récentes modifications, diverses constructions ont été élevées à la suite d'expropriations. Dans les quartiers éloignés tels qu'Islington, le Metropolitan Board a vendu des terrains à la Compagnie moyennant un prix de 40 francs le mètre en pleine propriété (freehold). C'est le prix le plus bas qui ait été atteint. L'acte de vente contient obligation d'affecter les constructions aux logements à bon marché pendant une période d'au moins dix ans.

Les maisons élevées par la Compagnie n'ont pas un aspect uniforme. Suivant l'espace et la forme du terrain elles offrent des distributions très diverses. Quelques principes sont communs à toutes les constructions : l'escalier, éclairé par de larges baies, laisse passer l'air et la lumière ; chaque logement satisfait à toutes les nécessités de la vie ; les murs sont tapissés de papiers, l'aspect est riant et toutes les conditions de l'hygiène sont strictement observées. Les chambres sont largement aérées. La Compagnie a proscrit les alcôves « L'air, dit-elle, est nécessaire au sommeil. Celui qui a mal dormi est attiré presque invinciblement le lendemain par le cabaret. » Tantôt la maison est petite et contient vingt logements ; une d'entre elles en contient douze ; tantôt c'est une sorte de vaste caserne divisée en plusieurs corps de logis et abritant plus de mille familles. Un des moyens de maintenir l'ordre est de veiller au plus strict individualisme. Tandis que dans les agglomérations de cottages il se forme un esprit de corps, des sociétés musicales, des relations de vie, les familles qui habitent les grandes maisons de Londres ne se connaissent point. On avait essayé de former des liens entre elles : on a dû y renoncer. L'ouvrier qui entre dans ces casernes redoute avant tout une atteinte à son indépendance : ses craintes sont telles qu'il se renferme dans son *home* et se montre ombrageux à l'excès. L'isolement qu'il cherche est un élément de la paix générale. Le contact est nul, donc les querelles sont rares.

Le désir de devenir propriétaires de leur logement s'est emparé de beaucoup d'habitants. L'idée d'un bail à court terme n'est pas entrée dans les mœurs : l'ou-

vrier anglais est locataire à la semaine ou propriétaire
d'un droit au bail se prolongeant aussi longtemps
que l'emphytéose. La Compagnie a cherché le moyen
de constituer cette propriété. En 1880, sir Sidney
Waterlow, usant de son initiative privée de député, a
introduit à la Chambre des Communes un bill destiné
à régler les conditions particulières des baux emphy-
téotiques appliqués aux logements : c'est la propriété
divisée par étages. L'acte fut voté par le Parlement
en 1881 [1], mais aucune société n'a osé s'en servir
jusqu'ici.

La Compagnie a élevé depuis 1864 31 groupes de
maisons disséminées dans Londres, et elle en construit en ce moment quatre nouveaux. Le tableau
suivant donne le progrès de ses opérations :

Années.	Nombre de logements construits.	Nombre d'habitants.	Capital engagé.	Revenu.
1864	20	100	98.000	7.800
1869	651	3.200	3.176.250	302.075
1874	1.393	6.900	3.917.750	623.765
1879	2.652	13.000	14.344.475	1.210.000
1884	4.314	21.500	21.500.000	2.000.000

Cet accroissement prodigieux permet de juger les
projets que la Compagnie conçoit pour l'avenir. Sir
Sidney Waterlow aime à rappeler au milieu de quel
scepticisme il a réalisé ses premiers efforts, quelles

1. *The chambers and offices Act, 1881.* La législation anglaise introduisait un système que reconnait notre Code civil
et qui est en usage dans plusieurs villes de France.

étaient la répugnance et l'incrédulité; personne ne voulait souscrire. « Aujourd'hui, dit-il, j'obtiendrais ce que je voudrais; j'aurais demain 12 millions, si je les demandais. »

Le secret de ce succès, c'est la distribution certaine d'un dividende de 5 0/0. Nous verrons plus loin comment il est assuré.

Le prix moyen de location d'une chambre ressort à 137 francs par an. Le fonds Peabody la loue à 133 francs; mais la Compagnie Waterlow soigne davantage les aménagements et met, comme nous l'avons vu, sous la même clef, toutes les dépendances. Le salaire moyen des chefs de famille est de 5 fr. 85 c., soit de 1 franc plus élevé que chez les habitants des maisons Peabody.

Le but poursuivi par les philanthropes est de loger les plus pauvres. La Compagnie ne croit pas possible d'atteindre ce résultat. Elle divise les ouvriers de Londres en trois classes : elle n'entend loger que la plus élevée, et elle est convaincue qu'en agissant de la sorte, elle rend un service indirect aux deux autres qui viendront occuper les logements laissés vacants par les ouvriers de la première classe. Les personnes les plus expérimentées partagent cette manière de voir et on tient généralement pour une utopie la construction de logements pour les malheureux qui sont à la charge de la paroisse [1].

1. Une tentative a été faite en 1883 et 1884 pour appeler des fonds et commencer des constructions à l'usage des plus misérables. Elle a échoué faute de souscripteurs.

Sir Sidney Waterlow n'est pas partisan du logement des ouvriers aux environs de Londres. Il croit qu'au lieu de resserrer les liens de famille, ce genre d'habitation a pour effet de les relâcher : si le mari travaille seul à Londres, il fréquentera les tavernes pour ses repas ; si la femme a quelque ouvrage à faire, le revenu de la famille sera absorbé par les frais de transport. A distance, tout devient difficile ; la vie est plus chère au loin que dans le centre ; les marchés du samedi soir sont la grande ressource des ménages d'ouvriers ; les marchands de comestibles menacés par la clôture du dimanche écoulent le fond de magasin qui risquerait de se gâter et l'on voit des rues entières transformées le samedi soir, de 7 à 10 heures, en vastes foires où s'achètent à vil prix les objets qui formeront la nourriture de la semaine suivante. Rien de plus curieux que ces vastes marchés, objet du perpétuel regret de la ménagère habitant un cottage à 10 kilomètres de Charing-Cross.

Le travail de l'ouvrier est plus avantageux dans le centre : il y a des professions qui sont soumises aux caprices de la mode et des commandes : tel ouvrier tailleur qui habite à peu de distance du magasin du patron recevra un travail urgent qui ne sera pas donné à l'ouvrier logé dans une maison aux environs de la ville.

Voilà pourquoi la Compagnie des logements perfectionnés a concentré ses efforts sur les quartiers les plus peuplés de Londres. Tel est le succès de ses efforts que ses actions sont de 12 0/0 au-dessus du pair.

Nous avons dit que son capital était de   12.800.000
Ses emprunts s'élèvent à 7.800.000
Ses réserves [1] sont de. 3.400.000

            TOTAL. 23.400.000

En 1884, le total des loyers encaissés a été de 2.000.000

Il faut en défalquer le loyer du terrain, les contributions, l'eau, le gaz et la gérance des maisons. . . .   468.500
Les réparations 262.100
Les frais d'administration centrale et divers. 71.600

          802.200   802.200

Le revenu net normal serait donc de. 1.197.800

Mais l'intérêt et l'amortisse-

---

1. Sous le titre de réserves, la Compagnie met de côté tout ce qui dépasse le revenu de 5 0/0. Elle a versé au fonds d'amortissement du terrain. · . . . . ¿ . . Fr.   250.000
    Au fonds d'amortissement des emprunts. 1.000.000
    Au compte de réparation 750.000
    Au compte des dividendes (pour parfaire les 5 0/0 dans les exercices où le revenu serait inférieur à ce taux). 1.400.000

            TOTAL. . . . . . . Fr.   3.400.000

ment des emprunts s'élèvent

à 346.000
____
851.800

Il reste à distribuer une somme nette de **851,000** francs qui est plus que suffisante pour assurer le dividende de 5 °/₀ à distribuer aux actionnaires :

On y consacre la somme de. 672.000 ⎱
Après ce prélèvement il reste. 179.000 ⎰ **851.000**

Cette dernière somme est portée au fonds d'amortissement des emprunts. Ainsi, outre le dividende maximum qu'elle a atteint et qu'elle ne peut dépasser, la Compagnie gagne 1 4/10 pour cent qu'elle met en réserve pour éteindre sa dette. Si elle était parvenue à l'amortir entièrement, elle encaisserait chaque année un revenu net de plus de 9 °/₀.

Les fondateurs de la Société ont eu raison de dire devant la Commission royale que leur succès était désormais hors de contestation.

V

COMPAGNIE GÉNÉRALE

DES HABITATIONS OUVRIÈRES[1]

1867

La Compagnie générale des habitations ouvrières (*Artizans', Labourers', and general dwellings Company*) qui a eu la plus humble origine vers 1866 possède aujourd'hui de vastes superficies couvertes par plus de 4,000 maisons. Cette Société constitue la première tentative heureuse pour démontrer qu'il est possible de donner aux classes ouvrières une habitation isolée avec toutes les conditions de l'hygiène et que l'opération entamée sans le secours de l'État, peut attirer les capitaux de placement en leur offrant un intérêt convenable.

Un petit nombre d'ouvriers s'étaient associés pour construire des maisons destinées à la classe ouvrière.

1. Nous devons les renseignements qui suivent à l'obligeance de M. Farrant, directeur de la Compagnie, et aux dépositions des enquêtes de 1881 et de 1884.

Ils réussirent [1]. En 1867, la Société fut fondée au capital nominal de 6 millions 250 mille francs partagés en 25,000 actions de 250 francs. Les constructions et le placement des actions marchèrent de pair. En 1874, le capital fut porté à 25 millions. En 1879, une série d'actions dites de préférence avec revenu privilégié de 4 1/2 0/0 fut émise jusqu'à concurrence de 6,250,000 francs, ce qui porte le capital à 31,250,000 francs. Enfin, en 1884, une assemblée générale a autorisé l'émission d'une nouvelle série d'actions privilégiées jusqu'à concurrence de 12,500,000 francs. Le placement de ces titres se fait régulièrement au fur et à mesure des besoins de la Compagnie dont le crédit attesté par un dividende normal de 5 0/0 est aujourd'hui reconnu.

Le but de la Société a été de donner à très bas prix une maison indépendante à chaque famille. Au moment où se multipliaient dans Londres les grandes casernes dans lesquelles mille ou quinze cents personnes étaient logées, on a cru nécessaire de réagir contre ces agglomérations dans lesquelles un voisinage trop rapproché détruisait le sentiment de l'indépendance si nécessaire à l'esprit de famille. Construire des maisons isolées dans Londres, même en s'éloignant du centre, il n'y fallait pas penser.

1. Ce succès constitue le seul exemple qui m'ait été cité à Londres de l'initiative des ouvriers. Comme nous l'avons dit (page 122) elle s'exerce dans les comtés du Nord avec une persistance remarquable.

On résolut d'aller chercher, en pleine campagne, des terrains dont le prix serait assez bas pour favoriser la construction de maisons isolées.

Près de Clapham-Junction, en un point qui alors était à peine habité, la Compagnie acheta vers 1868 une superficie de 50 acres (20 hectares). Des avenues et des rues furent tracées et les architectes commencèrent à élever les petites maisons.

En 1874, 1,200 maisons étaient achevées, et le Shaftesbury-Park attirait l'attention de tous ceux que préoccupait le problème des logements à bon marché. A l'inauguration, faite par lord Shaftesbury, assistèrent un grand nombre d'hommes politiques, et parmi eux lord Beaconsfield et lord Granville. Il semble qu'en Angleterre, devant la question sociale, il n'y ait plus de parti politique. L'œuvre poursuivie par un libéral et qui portait son nom, fut louée en un grand discours par le chef du parti conservateur. Les 1,200 maisons étaient occupées et les loyers régulièrement payés attestaient le succès de l'entreprise.

Les maisons sont divisées en cinq classes dont les loyers varient de 7 fr. 50 c. à 16 fr. 25 c. par semaine, soit 360 à 830 francs par an, toutes les contributions étant à la charge de la Compagnie. Chaque maison a une cuisine, une laverie, un petit jardin sur le devant et une assez grande cour en arrière. La maison de la 5e classe contient deux chambres et un petit salon. La 4e classe a le même nombre de pièces, mais elles sont moins petites. La 3° classe comprend trois chambres à coucher. La 2° classe comporte trois chambres à coucher au premier, et au rez-de-chaussée une pièce pouvant servir de cabinet de travail ou de chambre. Enfin, la 1re classe offre six pièces : quatre chambres à coucher, un salon et une salle à manger. Les maisons de la 3° classe sont les plus recherchées ; aussi l'architecte a-t-il trouvé le moyen de loger dans les maisons de la 1re classe deux familles indépendantes l'une de l'autre. En réalisant ce tour de force pour les maisons de la 2° et de la 3° classe, il arrive à donner deux chambres à coucher et une cuisine pour 200 francs par an.

Bien qu'il n'y ait pas de cave, le rez-de-chaussée n'est pas humide, une ventilation ayant été établie au ras du sol ; par suite de l'usage exclusif du charbon de terre, chaque chambre doit être soigneusement ventilée. Les architectes se préoccupent particulièrement du moyen de renouveler l'air dans chaque pièce. La construction est faite en ciment aggloméré et en briques ; les murs nous ont paru à l'abri du salpêtre et l'aspect général est parfaitement sain. L'eau est fournie aux locataires par des robinets qui alimentent la cour et la laverie ; des égouts qui passent dans les cours longent la série des maisons et assurent le service de salubrité.

Pour éviter l'apparence monotone de longues lignes d'habitations toutes semblables, les architectes ont varié les façades ; toutes les maisons ont un rez-de-chaussée et un premier ; ils ont groupé les maisons de telle sorte que six ou huit forment un ensemble qui de loin fait croire à un bâtiment important. La Compagnie a calculé que les dépenses consacrées à l'ornement des façades se retrouvent aisément en loyers.

Les maisons de la 1re classe couvrent une superficie de 125 mètres ; celles de la 2e, 109 mètres ; de la 3e, 98 mètres ; de la 4e, 92 mètres et enfin de la 5e, 72 mètres, le jardin et la cour comprenant une superficie qui varie de 50 mètres pour les grandes maisons à 35 mètres pour les plus petites.

Le prix moyen des maisons ressort environ à 6 ou 7,000 francs.

Les réparations tiennent une place considérable dans le budget de la Compagnie. Tous les cinq ans les façades sont refaites et peintes. On calcule que de ce chef les dépenses varient entre 8 et 10 0/0 du revenu brut.

On ne peut rien imaginer de plus soigné que ces petites maisons : dans le salon, des meubles arrangés avec goût, des livres sur la table; devant la fenêtre, des plantes disposées dans une jardinière ; on sent un intérieur vers lequel sont concentrées les affections d'une famille.

Il est bon de savoir la profession du locataire. Dans l'une des maisons les plus soignées de la 4e classe, c'est un charpentier qui gagne à Londres

45 schellings par semaine, soit 9 fr. 30 c. par jour. Son loyer hebdomadaire représente exactement l'une des journées. Cette proportion se rencontre presque partout et la plupart des Compagnies ont remarqué qu'elle constituait la règle.

Quelques-uns des locataires sont des contremaîtres ou des commis, mais la plupart sont de simples ouvriers, non point des manœuvres, mais des ouvriers travaillant, suivant l'expression anglaise, de leurs mains et de leur tête *(working with hands and brains)* : ce sont des ébénistes, des typographes, des tailleurs, des menuisiers, etc.

Les habitants de Shaftesbury-Park ne doivent donc pas être confondus avec le personnel des maisons Peabody, puisque le minimum du salaire journalier des locataires des petites maisons doit être de 7 fr. 50 c.

Le succès de ce premier essai fut tel qu'en 1876, la Compagnie acheta un terrain de 28 hectares au Nord-Ouest de Londres. Les communications étaient assurées par le Great-Western et le North-Western qui ouvrit une gare appelée du nom du domaine, Queen's-Park ; 2,200 maisons y furent construites. Les dernières furent terminées en 1883. A peine étaient-elles achevées qu'elles furent occupées. Une chapelle et des écoles sont en construction sur un terrain que la Compagnie a vendu à une Société pieuse : *The Congregational Union.*

Enfin le troisième groupe, Noel-Park, situé à 14

kilomètres Nord-Ouest de Charing-Cross, couvrira 38 hectares. La première pierre a été posée par lord Shaftesbury le 4 août 1883 et quand nous l'avons visité (le 10 mars 1885) 743 maisons étaient habitées. Les travaux étaient poussés avec activité et avant trois ans 2,600 maisons y seront élevées.

Le paiement du loyer par semaine a été établi dès le début de la Compagnie et elle n'a jamais eu à regretter ce système. Elle est persuadée qu'ainsi elle court moins de risques qu'avec le paiement trimestriel. L'arriéré pour Shaftesbury-Park est de 1,400 francs sur une recette de 10,800 francs par semaine; le retard est donc inférieur à une journée de loyer, mais comme le loyer est perçu d'avance, en réalité le paiement est fait en avance de six jours au lieu de sept. Les loyers irrécouvrables qui étaient au début de 5,000 francs par an n'ont cessé de décroître; en 1884, ils n'ont été que de 1,300 francs sur un chiffre total de 1,875,000 francs encaissés par la Compagnie.

Il y a très peu de locaux vacants dans les parcs : si parfois les habitations de la première classe attendent quelque temps un locataire, pour les plus petites maisons, il y a de longues listes de demandes qui permettent de faire un choix et de n'admettre que des familles recommandables.

L'enquête est faite avec soin : souvent 40 demandes se présentent pour la même maison. La préférence est toujours donnée à la moralité de la famille et, si les renseignements sont de même valeur, à celui des ouvriers qui gagne le salaire le plus bas. La Compagnie tend de la sorte à maintenir le niveau des locataires qui s'élèverait rapidement et altérerait l'objet que les fondateurs se sont proposé.

Si elle ne cherche pas à élever le niveau social, elle tend par tous les moyens à reconstituer la vie de famille du peuple. Elle cherche à intéresser les habitants à la bonne tenue des maisons. Elle ne pénètre pas dans l'intérieur, mais elle favorise une exposition annuelle d'horticulture qui a lieu au mois de juin et qui est l'objet de l'émulation générale. Je vois des fleurs rares, de petites serres habilement construites qui abritent des plantes délicates. Il paraît que des récompenses sont attribuées au jardin le mieux entretenu.

Au centre du parc s'élève un bâtiment de belle apparence. C'est le *Hall*, servant aux usages les plus divers, tour à tour temple et salle de concert, rassemblant le dimanche les habitants pour le service religieux et dans la semaine la société musicale. La bibliothèque de prêt de livres est toute voisine ; on y reçoit plusieurs journaux. Une salle de billard complète ce cercle, où les jeux de hasard sont interdits ainsi que la consommation de liqueurs.

La Compagnie favorise par un prix de location presque fictif ces sociétés locales. Elle estime que leur influence peut seule combattre l'attrait du cabaret.

Une des clauses des statuts interdit à la Compagnie
de louer aucune maison ou boutique à destination de
restaurant, taverne ou auberge où seraient débitées
de la bière ou des liqueurs fortes. Jusqu'à présent, il
n'a pas été accordé une seule dérogation à cette
prohibition formelle.

En visitant les trois parcs dont la création est
l'œuvre de la Société, j'ai pu étudier la question
la plus ، ave que soulèvent les logements d'ouvriers. Convenait-il de rendre le locataire propriétaire de la maison qu'il occupe ? Il y a peu de
pays où cette transformation soit plus populaire
qu' ، Angleterre. La constitution aristocratique de
la propriété a contribué à exciter les désirs de la
classe la plus humble, et un Anglais ne semble pas
éloigné de penser que la question sociale est à
demi résolue chez un peuple où la propriété du sol
est très divisée. La Compagnie des habitations ouvrières avait au début annoncé avec quelque bruit
son intention de permettre à l'ouvrier de gagner sa
maison *(to own his own house)* moyennant le
paiement d'une majoration de loyer destinée à
l'amortissement. 250 maisons de Shaftesbury-Park,
170 de Queen's-Park furent occupées de la sorte ;
les locataires anticipèrent leur libération afin de se
trouver sur-le-champ affranchis de tous liens.

A partir de ce moment, les inconvénients se multi-
plièrent. Une seule interdiction avait été faite, celle
de ne vendre aucune liqueur forte. Les sous-locations

n'avaient pas été défendues; en peu de temps, les occupants cédèrent des chambres à de nouvelles familles, attirant un nombre excessif d'habitants et amenant l'encombrement qu'on a toujours cherché à éviter. En certains cas, d'honnêtes ouvriers, par suite de maladies, de chômages, furent forcés de vendre. Souvent l'ouvrier change d'usine, d'atelier, de patron : le lieu où il travaillait se déplace; une propriété est pour lui un poids fort lourd : il était amené à s'en défaire : la propriété tombait alors entre des mains indignes; des gens mal famés y vinrent habiter et les maisons voisines en furent subitement dépréciées.

La Compagnie a cessé vers 1881 de pratiquer un système qui lui causait tant de difficultés. Elle résolut même de racheter peu à peu les maisons vendues et elle put vérifier que les loyers avaient été élevés dans la proportion d'un cinquième par l'âpreté des intermédiaires. Le Conseil n'a pas renoncé sans regret à son plan primitif : plusieurs membres y demeurent attachés; mais une considération financière acheva de le décider. La valeur du terrain tient à son unité : en constituant une série d'enclaves, la Compagnie avilissait son capital et rendait impossible toute opération d'ensemble. Le placement des actions se ressentait de ce péril. Depuis que la Compagnie a renoncé aux ventes, elle a repris faveur et les capitaux lui sont revenus fidèlement. C'est là un point important. La Compagnie ne se contente pas de ce qu'elle a fait : elle estime que ses 5,000 maisons ne sont qu'un premier effort; elle tient les yeux fixés sur le marché des capitaux pour mesurer, d'après le placement plus ou moins rapide, les créations que lui réserve l'avenir.

Dans le sein de la Commission Royale, M. Broadhurst, membre de la Chambre des Communes et ouvrier lui-même, a reproché vivement aux chefs de la Compagnie l'abandon de leur plan primitif, rappelant qu'à Leeds des sociétés s'étaient formées, qui avaient vendu 7,000 maisons à des ouvriers. Il est vraisemblable que si les contrats de vente avaient été rédigés avec plus de soin, on aurait pu éviter certains périls, mais il est des dangers qui sont de l'essence même du droit de propriété qui comporte, chacun le sait, l'usage et l'abus.

Si l'on cherche un frein aux désordres, si on veut maintenir les règles d'hygiène, il n'existe qu'une garantie : la convention entre le propriétaire et le locataire. Un bail bien fait et rigoureusement exécuté prévient tous les désordres. A ce point de vue, les baux anglais offrent des dangers.

Dans les maisons que j'ai visitées, l'encombrement est une menace constante. La Compagnie estime au tiers le nombre des maisons dans lesquelles son locataire a sous-loué à une famille, amenant de la sorte deux familles sous le même toit. Au début, toute sous-location était interdite; mais le fait s'est produit si généralement que la Compagnie s'est crue débordée;

aussi a-t-elle eu la faiblesse de fermer les yeux, puis d'autoriser. La Commission Royale a paru fort surprise de cette révélation et le directeur de la Compagnie a expliqué comment il luttait contre l'encombrement, grâce à la surveillance hebdomadaire du collecteur de loyers. La Compagnie, d'ailleurs, ne sévit que si, dans une chambre, il se trouve plus d'un ménage avec un enfant; elle avoua du reste que beaucoup d'abus devaient lui échapper, qu'elle avait pour principe de donner toute la liberté possible à ses petites villes (*our little towns are perfectly free*), soumises seulement à l'inspection des paroisses en vertu des lois générales de salubrité.

Dans l'organisation de la Compagnie et dans ses rapports avec les chefs de famille, il existe, on le voit, une lacune sur laquelle les membres de la Commission n'ont pas hésité à appeler l'attention.

Pour toutes les constructions hors de Londres, la question la plus grave est le prix des transports. L'établissement de trains à bon marché (*cheap trains*) n'a fourni qu'une solution insuffisante: les trains d'ouvriers arrivent à Londres entre 5 heures 1/2 et 7 heures du matin et le porteur du billet ne peut reprendre qu'un train après 4 heures du soir. Pour celui qui travaille à la journée, rien de plus simple. Moyennant 20 centimes, il peut venir d'une distance de 16 kilomètres et retourner le soir; mais l'ouvrier à façon, le tailleur par exemple, qui va chercher de l'ouvrage à Londres et revient travailler chez lui, ne peut profiter de ces avantages. Pour lui, pas de réduction spéciale.

A Noel-Park, les trains d'ouvriers mènent et ramènent pour 0 fr. 10 c. Par les autres trains, les billets d'aller et retour coûtent 0 fr. 80 c. ou 1 franc.

Selon qu'il s'agit de telle ou telle ligne de chemin de fer, les tarifs sont modérés ou hors de toute mesure. Le Great-Northern et le Midland ont des tarifs raisonnables : seuls ils ont organisé des abonnements pour les voyageurs de 3ᵉ classe. Sur les réseaux où les Compagnies de chemins de fer ont refusé, les abonnés de 1ʳᵉ classe voyagent à prix plus réduit que les porteurs de billets de 3ᵉ.

L'excessive cherté du transport constitue un tel obstacle pour la classe ouvrière qu'après avoir examiné les plaintes légitimes de la Compagnie, on se demande comment elle trouve à louer les maisons de Noel-Park. Dans le dernier rapport, le directeur s'exprimait en ces termes : « L'importance de cette
» question est telle qu'il est permis d'affirmer que des
» compagnies de chemins de fer dépend entièrement
» l'échec ou le succès de la grande œuvre que nous
» poursuivons. »

Budget de la Compagnie. — Le dividende régulièrement distribué depuis quelques années est de 5 0/0. Ce fait mérite toute notre attention. Aussi faut-il examiner successivement le budget spécial de chaque parc et le budget général de la Compagnie.

Shaftesbury park. — Le capital engagé est de . . . . Fr.   7.772.685

Réparti sur 1,200 maisons, la moyenne du prix de revient ressort à 6,477 francs.

Le revenu brut est de . . . . . Fr.   573.975

Soit de 7 $^2/_5$ p. 100.

D'où il faut déduire :

Frais d'administration Fr.	5.200	
Contributions, eaux . . .	84.100	
Réparations.	73.000	
Assurances	2.500	
représentant 2 1/8 0/0 . Fr.	164.800	164.800

ce qui laisse subsister un revenu net

de . . . . Fr.   408.575

Soit de 5 $^1/_3$ p. 100.

Queen's park. — Le capital engagé est de 17 millions 119,000 francs sur 2,200 maisons; le prix moyen de revient est de 7,780 francs.

Le revenu brut est de . . . . . Fr.   1.346 300

Soit de 7 $^7/_8$ p. 100.

D'où il y a lieu de déduire :

Frais d'administration Fr.	11.060	
Contributions et eaux . .	208.200	
Réparations.	113.000	
Assurances	5.700	
représentant 2 0/0 du capital	337.960	

ce qui ramène le revenu net à . . Fr.   1.008.340

Soit à 5 $^7/_8$.

Noel-Park. — Les dépenses sont de 6.521,000 fr. Les revenus sont seulement de 103,000 francs; une partie des immeubles étant en cours de construction, on ne peut tirer aucune induction de ces chiffres.

Budget général. — Ce qui précède permet de comprendre les éléments du dividende. Les actions placées s'élèvent au capital de 29,292,000 francs, dont une partie seulement (86,458 actions à 250 francs) touche 5 0/0, les actions de préférence (31,780 actions) ne recevant que 4 1/2. Le capital emprunté est de 2,650,000 francs.

Le revenu net total est de 1,616,073 francs. Les dépenses générales d'administration s'élèvent à 62,000 francs, le service des intérêts absorbe 124,000 francs, ce qui laisse libre une somme de 1,490,073 francs suffisante pour le service des dividendes.

L'ensemble de ces résultats devait attirer tout particulièrement l'attention : aussi un grand nombre de Compagnies ont-elles été formées avec un objet analogue. La spéculation s'est jetée dans la voie ouverte par la Compagnie générale des habitations ouvrières. Tout autour de Londres on aperçoit des groupes de petites maisons, à loyers fort bas, qui couvrent d'énormes terrains naguère consacrés à l'agriculture. Si on pénètre dans les rues, si on visite l'intérieur des maisons, on est frappé de voir les aménagements moins soignés que dans les parcs de la Compagnie générale, sans que le prix soit inférieur; mais tel a

été le succès de ce genre de logements qu'à Totten-
ham et aux environs, depuis 1875, 18,000 maisons
ont été bâties pour les familles ouvrières qui les occupent moyennant un loyer annuel de 400 à
880 francs. Chaque maison a deux étages et la famille qui occupe le rez-de-chaussée peut sous-louer
le premier; mais la construction paraît médiocre et
dépourvue des conditions qui en assurent l'hygiène.
(Dép. Galliff. Enquête de 1881, n° 3947.)

En déterminant tout autour de Londres cet élan de
la spéculation, en excitant les capitalistes, la Compagnie générale a rendu un service qui porte bien au
delà de son œuvre directe.

VI

ESSAI DE STATISTIQUE DES SOCIÉTÉS ANGLAISES

Les notes qui précèdent s'appliquent aux quatre plus grandes Sociétés de Londres. En entrant dans le détail de leurs opérations, nous avons voulu donner un type précis, mais nous n'avons nullement la prétention d'exclure de l'œuvre philanthropique poursuivie à Londres les Compagnies et les particuliers qui, avec des capitaux moins considérables, marchent dans la même voie.

Nous aurions voulu parler de plus d'une (1), et sur-

(1) Il n'est pas question dans ces notes des *Building Societies*. La raison en est toute simple. Ces Sociétés, malgré leur titre, ne construisent pas. Ce sont des Sociétés de crédit foncier qui prêtent aux ouvriers et leur facilitent la construction ou l'acquisition de maisons. Sur leur mécanisme, voyez le

tout de la *Société pour l'amélioration de la condition
de la classe laborieuse*, qui, sous la présidence de l'infatigable lord Shaftesbury, a ouvert à Londres 588
logements et servi longtemps de modèle. Le temps
et la place nous manquent et nous résumons en un
tableau ce que nous ne pouvons autrement énumérer.

Les chiffres sont empruntés pour les grandes
Sociétés aux comptes rendus et bilans que nous
avons entre les mains.

Noms	Nombre de groupes	Logements	Population	Capital
Association métropolitaine.	11	1.257	6.000	6.050.000
Donation Peabody. .	48	4.551	18.153	30.278.000
Cⁱᵉ des logements perfectionnés	31	4.311	21.500	23.400.000
"Artizans'Dwellings"	3	4.113	22.000	31.012.000
Société pour l'amélioration de la condition des classes laborieuses. . . .	9	588	2.800	928.000
	75	14.833	70.753	92.693.000

**Mémoire présenté au Congrès des institutions de prévoyance,
tenu à Paris en 1878, par M. John Malcolm Ludlow,** *Chief
registrar of the friendly Societies* **(Paris, Imp. Nationale, 1881.
N° 3 de la série) p. 271.**

Si aux chiffres certains qui précèdent, nous voulons joindre les résultats obtenus par les autres sociétés, les éléments seront plus vagues. Nous n'avons pu réunir les bilans des petites sociétés; l'action des particuliers, tels que la baronne Burdett-Coutts et d'autres plus obscurs qui ont tenté un effort personnel, nous aurait échappé, si nous n'avions trouvé dans l'enquête de 1881 (*Artisans' and Labourers' Dwelling Improvement*) un tableau (tome I, p. 288) remis au président de l'enquête le 14 juillet 1881 par M. Gatliff.

Les données, sans doute exactes en 1881, sont certainement inférieures en 1885 à la réalité. En y joignant certaines indications que nous avons recueillies, nous pensons que le total des logements ouverts par ces groupes doit être d'au moins 6,000, abritant 30,000 âmes et ayant coûté 25 millions.

En résumé, l'œuvre philanthropique a fait construire 20,853 logements, contenant autant de familles composées de plus de 100.000 âmes.

La spéculation, nous l'avons dit, a doublé, peut-être même triplé ces chiffres.

Tout énormes que semblent ces résultats, si on les rapproche de l'augmentation régulière de Londres gagnant 70.000 habitants par année, on conçoit que les hommes d'État les jugent encore trop lents. Il est probable que la période dans laquelle nous entrons verra un développement croissant des habitations ouvrières ; mais à aucune époque, nous n'étions mieux placés, grâce aux enquêtes, pour en étudier le mécanisme et en mesurer les progrès.

FIN

TABLE

Avant-Propos . . . .

UN DEVOIR SOCIAL ET LES LOGEMENTS D'OUVRIERS

Le découragement   1
§ 1. Comment la France est dépourvue de liens sociaux.
     Le péril actuel   6
§ 2. État de la jeunesse 17
§ 3. La charité privée ne dispense pas de l'œuvre sociale 27
§ 4. État des logements d'ouvriers à Paris en 1885 . . 34
     Les logements à l'étranger 47
§ 5. Dangers et séductions du socialisme d'État . . . 56
§ 6. Ce qu'il est possible de faire 68
     Logements à bon marché 69
     Sociétés de consommation 73
     Caisses de retraites 74
§ 7. Ce que les Français ont su faire par l'initiative
     privée au point de vue social 77
     Caisse d'épargne 78
     Sociétés de secours mutuels 79
     Crèches, salles d'asile 80
     Hospitalité de nuit 81
     Vœux de M. Benjamin Delessert 82
§ 8. Nécessité de l'action 84

LES LOGEMENTS D'OUVRIERS A LONDRES, 1850-1845   97

§ 1. Maisons-casernes.   103
§ 2. Petites maisons séparées   114
§ 3. Intérêts des capitaux engagés.   120
§ 4. Logements des pauvres.   122
        CONCLUSION   130

APPENDICE

  I. Association métropolitaine (M. Gatliff)   138
 II. Donation Peabody   147
III. Sir Sidney Waterlow   160
 IV. Compagnie des logements perfectionnés.   162
  V. Compagnie des habitations ouvrières (*Artisans'
       Dwellings*).   172
 IV. Essai de statistique des sociétés anglaises.. . . .   188
TABLE   191

PARIS. — IMPRIMERIE CHAIX, 20, RUE BERGÈRE. — 7886-3

CALMANN LÉVY, ÉDITEUR

DU MÊME AUTEUR

FORMAT GRAND IN-18

ÉTUDES D'HISTOIRE PARLEMENTAIRE

M. DUFAURE, SA VIE ET SES DISCOURS ..... 1 vol.

FORMAT IN-8

LA MAGISTRATURE ET LA DÉMOCRATIE.
— UNE ÉDUCATION MÉDICALE ..... Broché

IMPRIMERIE CHAIX. — RUE BERGÈRE, 20, PARIS. — 1888

www.ingramcontent.com/pod-product-compliance
Ingram Content Group UK Ltd.
Pitfield, Milton Keynes, MK11 3LW, UK
UKHW020157130726
13696UKWH00002B/558